U0032416

情動力政治
Politics of Affect

布萊恩・馬蘇米（Brian Massumi）　著

彭小妍　譯

目次

譯者序

　　本書作者布萊恩・馬蘇米（Brian Massumi, b. 1956）為伊朗裔加拿大哲學家、蒙特羅大學傳播系退休教授。他兼社會理論家及社運人士於一身，主張環保、反核、反資本主義，並致力於在英語世界推廣德勒茲的情動力理論，是著名的德勒茲譯者。著述涵蓋藝術、建築、文化研究、政治理論、哲學，企圖連結藝術及政治領域。

　　本書以情動力理論貫穿資本主義、政治權力、傳統媒體及社群媒體的運作，強調非意識／意識、非語言／語言的連貫性、人類世界與非人類世界的連動性。書中牽涉到的哲學概念都附上英文原文或註解，以利讀者進一步查閱、研究。本書的翻譯是個艱難的過程，經常覺得力有未逮，建議讀者對照原書閱讀。

　　情動力理論的來源是荷蘭哲學家斯賓諾莎（1632-1677），為了幫助讀者理解情動力概念的來龍去脈，特將拙文〈情動力：德勒茲的斯賓諾莎論〉（2022）附於書後，權充本書之〈跋〉。

作者序

　　「情動力政治」的說法，其實有些累贅。本書所構想的情動力，並非一個學科，情動力政治也不是隸屬於情動力的次學科，而是生命的一個特色——所謂生命，包括寫作，包括閱讀。這個生命特色具有政治能量。

　　本書收集的訪談，目的不是窮盡情動力領域的所有問題，也不是關鍵議題的介紹——雖然我希望，比起學術形式，對話的形式更能讓情動力的來龍去脈容易理解。這些訪談在邀請大家同遊，目的是繪製一條路線來徹底思考種種的感受張力，這些感受張力跨越生命的盛衰浮沉，充滿生命、塑造生命。徹底思考情動力，不只是省思情動力，而是思想浸淫其中，自願登上文字的巔峰，浮沉於情動力的浪潮，任由細緻的浪花浸透觀念的骨髓。情動力只能理解為行動的實踐，本書希望透過湧動的文字，讓讀者在觀念上實踐情動力。

　　本書內容不標榜客觀性或一般的通用性。組成生命

的特質就是這種情動力層面，客觀和通用會為這種特質帶來什麼？僵化、變遲鈍，失去生命力的學科考量而已。本書目的不是標榜有效性來說服讀者，而是傳達這個課題的活力：邀請並刺激讀者體驗這種思考經驗，跳脫書頁，衍生無限，各自走上自己的道路，遠遠超越本書的範圍。要「徹底思考情動力」，就是接續情動力充滿生命、塑造生命的旅途。德勒茲（Gilles Deleuze, 1925-1995）曾經說，概念是要體驗的，否則毫無意義。

本書的研究方法可說是最廣義的過程哲學，書中反覆提到的思想家，包括伯格森（Henri Bergson, 1859-1941）、詹姆士（William James, 1842-1910）、懷特海（Alfred North Whitehead, 1861-1947）、西蒙頓（Gilbert Simondon, 1924-1989）、瓜達里（Félix Guattari, 1930-1992）、德勒茲等，有一個共通點：主張哲學的任務是把世界理解為一個持續進行的過程，變化不斷。這種哲學的重點不是事物——當然不是物自體（things in themselves）——而是更側重事物的生成（things in the making），借用詹姆士的著名說法。過程哲學主要強調變化，並如此看待生命的規律：狂風大浪的海洋中，沙島提供了短暫的穩定性。過程哲學的情動力立場具有政治層面，首先就是在這個意義上——過程哲學以變化為主。從最初，情動力概念就是政治取向的，但是，要將情動力導向「正確的」政治領域——社會秩序及

秩序重組，和解及反抗，打壓及暴動——並非自然可成。情動力是政治原型，是政治性最初的萌發，和感受到的生命張力齊頭並進；情動力的政治性必須是引導出來的。貫穿本書的理論課題，就是引導出情動力的政治性，在尊重其過程性的同時，描繪情動力如何自我展現。

這種立即政治層面，也是情動力內建的基礎定義，彰顯了過程的進路，如同本書的訪談所展示。這個定義表面上很簡單，就是斯賓諾莎的說明：情動力是「一感一應」（to affect and to be affected）的能量。[1] 此定義在本書中反覆出現，有如副歌。每次出現時，會引出更多輔助概念，變種越來越多。這些變種又反覆出現，合起來就開始織造一個深入探討情動力的概念網絡。「一感一應」的公式也是原型政治，因為這個公式的定義包括連動性。所謂感應，就是向世界開放，積極參與世事，耐心面對世界的反饋運作。這種開放性也被視為是基本特質，是變化的前沿。因為這種開放性，生成中的事物才能初次嘗試體驗轉化。我們的一感一應總是運作於機遇（encounters）中；也就是說，透過事件。因感應而改變，就是開始展開連動

---

1 一般譯為「影響與被影響」。「一感一應」的說法，來自於北宋理學家程頤（1033-1107）：「天地之間，只有一個感與應而已，更有甚事？」。見《四庫全書》〔1773-1781〕（台北：臺灣商務印書館，1983-1986），卷 699，頁 11。斯賓諾莎的情動力理論，請參閱本書〈跋〉。

性，開始展開連動性，就是事件發展的開始。

　　這個簡短的歷程，已經說明了情動力的過程概念特性，與一般流行的標準思想概念大異其趣；傳統知識的類別就是建立在這種標準思想概念上。就德勒茲與瓜達里的說法，情動力概念是「橫向連貫的」（transversal），意味情動力橫向貫穿通常的知識類別，其中最主要的是主觀與客觀的區分。雖然情動力完全攸關感受的張力，感受的過程不能界定為只是主觀或只是客觀：情動力通過的機遇，既立時衝擊身體，也震動心靈。情動力牽涉到的主觀特性是立即直接的，這些主觀特性因同樣立即直接的客體而滋生、改變。情動力既攸關慾望，也同樣攸關強制的現實；攸關自由，同樣攸關限度。要思考情動力的橫向連貫特性，事件所容納的這些知識類別，就必須整體從根反省。必須精煉概念；通常從事件中排除的成分，以及彼此排除的成分，都必須在概念中相互容納。單純混合和匹配這類既定類別，是不夠的，必須整體重練。更複雜的是——舉其中一個務必翻新的類別為例——雖然情動力的開放性無法限定在主體的內部，這種開放性同時也塑造了主體。雖然情動力基本上攸關機遇時的連動性，同時也在連動性中積極創造了眾多個體。說來奇怪，情動力在橫向連貫時，具有多重的價值。

　　本書的主要貢獻，在於為概念重練打下基礎，是橫

向連貫的思考，有別於一般全然對立的思考。共同踏上本書旅途的概念，例如「差異情動力調適」（differential affective attunement）、「共同個體化」（collective individuation）、「微政治」（micropolitics）、「思考／感受」（thinking-feeling）、「純粹活動」（bare activity）、「本體能量」（ontopower）以及「內在批判」（immanent critique），從第一個訪談開始，串連起情動力的基本定義。這些概念一旦介紹進來，就迂迴通過後續的訪談，越來越加深思考的連貫性，一路發展，也將情動力概念複雜化了。這就是過程取向探討的效用：在陸續發展中將概念網絡複雜化。這種探討方法避免簡單化、避免封閉性，不是一次訪談就結束，而是在逐步發展中更足以反映進行中的生命複雜性。也就是說，最後並非得出任何最終答案，甚至不是尋找解決方案，而是在持續變化的狀態下，設法重新質問生命本身提出的問題。目的是形成一個不斷轉化的概念範式，適於接續思考／感受生命過程性的開放結局旅程，並強調這種過程性的原型政治特點，以及這種原型政治在政治活動上達到充分自我表達的途徑。

　　本書收集的訪談稿不只是對話，而是一次次的機遇。對話者不僅僅提出問題，也是共同思考的夥伴。這些訪談發生的背景，通常是預先的意見交換，目的是籌備如何在活動中清楚表達思考。在有些情況（第4及第5章），

這些意見交換來自積極合作的脈絡，一方面共同參與過程思考，一方面共同延長這種思考的政治性。這類奠基於事件的探討，是在感官實驗室（SenseLab）[2]的脈絡中實踐的，也就是立足蒙特羅（Montréal）的研究／創作實驗室，橫向連貫了哲學、創作實踐及社會運動的運作。多年來參與感官實驗室的經驗，豐富了我的思考和生命，價值無法估量。由於感官實驗室的關係，我所體驗的機遇和連動性使我徹底改變，尤其是和實驗室的創辦人艾琳的對話及連動——艾琳是我在思想上的主要夥伴。這本書謹獻給她。

對話者簡介

游布萊・阿里阿爾（Yubraj Aryal），美國普渡大學（Purdue University）比較文學及文哲學程訪問講師，並擔任《哲學集刊：跨學科探討》（*Journal of Philosophy: A Cross-Disciplinary Inquiry*）的編輯。曾為該刊訪問眾多頂尖思想家，包括羅蒂（Richard Rorty）、普特南（Hilary Putnam）、阿比亞（Kwame Anthony Appiah）、佩羅夫（Marjorie Perloff）、奧提瑞（Charles Altieri）、楊建鵬（Robert Young）、貝蘭特（Laurent Berlant）等。

2　https://senselab.med.yale.edu。感官實驗室成立於 2004 年，見下列 Erin Manning 的簡介。

阿諾・博樂（Arno Boehler），奧地利維也納大學哲學系副教授，哲學表演計畫「哲學舞臺」（Philosophy on Stage）的創辦人。主持維也納應用藝術大學（University of Applied Arts Vienna）「藝術家／哲學家：奠基於藝術的哲學研究」（Artist-Philosopher: Philosophy AS Arts-Based Research）計畫，獲得奧地利科學基金的補助。曾獲得班加羅爾（Bangalore）大學、海德堡（Heidelberg）大學、紐約大學、普林斯頓大學的獎助金。更多資訊請參考網站 http://homepage.univie.ac.at/arno.boehler

克里斯托夫・布魯納（Christopher Brunner），瑞士蘇黎世藝術大學當代藝術研究所研究員，專攻文化與媒體理論的連結，以及當今研究／創作論述。博士論文題目為「連動性生態：藝術與媒體的集體性」，探討藝術、媒體與社會運動在美學實踐集體性的新形式；合編《實驗的實踐：今日藝術研究與教學》。[3] 參與感官實驗室，擔任實驗室國際合作計畫「即時應變：媒體、藝術、事件」（Immediations: Media, Art, Event）研究者，以及《省思：研究／創作集刊》（*Inflexsions: A Journal for Research-Creation*）編輯委員。

3 Department of Art & Media, Zurich University of the Arts, ed., *Practices of Experimentation: Research and Teaching in the Arts Today* (Zurich: Scheidegger & Spiess, 2012).

喬納斯・福理齊（Jonas Fritsch），丹麥奧胡斯大學
（Aarhus University）美學與傳播系助理教授。在奧胡斯大
學高級視覺互動中心（CAVI）及參與式IT中心（PIT）從
事實際設計的實驗，研究專注於互動設計的創造性思考及
情動力理論。參與感官實驗室，擔任國際合作計畫「即時
應變：媒體、藝術、事件」研究者，以及《省思：研究／
創作集刊》、《交匯：文化參與跨領域集刊》（*Conjunctions:
Transdisciplinary Journal of Cultural Participation*）編輯委
員。

艾琳・曼寧（Erin Manning），加拿大蒙特羅協和大
學（Concordia University）藝術學院「連動性藝術與哲學」
大學研究講座（University Research Chair in Relational Art
and Philosophy）。擔任感官實驗室主任（www.senselab.
ca），實驗室透過行動中的身體感受範式，探討藝術實踐
與哲學的交匯。進行中的藝術創作專注於促進集體性萌發
的大型參與性裝置，目前藝術計畫探討的中心概念是：連
動了色彩、動態、參與的「微姿態」（minor gestures）。
著作包括《總是比一更豐富：個體化的舞動》、[4]《連動性
風景：動態、藝術、哲學》、[5]《行動中的思考：經驗生態

4　Erin Manning, *Always More Than One: Individuation's Dance* (Durham, NC: Duke University Press, 2013).

5　Erin Manning, *Relationscapes: Movement, Art, Philosophy* (Cambridge, MA:

的旅程》（馬蘇米合著）。⁶即將出書的計畫，包括翻譯法
國電影導演費爾南・德利尼（Fernand Deligny）的《行動
的迂迴，微妙的姿態》（*Les detours de l'agir ou le moindre
geste*）、專書《微姿態》（*The Minor Gesture*）。

喬埃爾・麥金（Joel McKim），倫敦大學伯貝克學
院（Birbeck College, University of London）電影、媒體及
文化研究系的媒體與文化研究講師。研究重點是建築環
境及媒體與建築交匯的政治議題，最近這方面作品發表
於集刊，包括《理論、文化與社會》（*Theory, Culture &
Society*）、《空間與文化》（*Space and Culture*）、《公眾》
（*Public*）及《邊緣地帶》（*borderlands*），並收入論文集
《DIY市民：批判生成與社群媒體》、⁷《批判哲學與建築
機遇的失誤》。⁸即將完成專書《記憶複合體：後9/11紐約
的建築、媒體與政治》（*Memory Complex: Architecture and
Politics in a Post-9/11 New York*）。

博蒂爾・湯姆森（Bodil Marie Stavning Thomsen），

MIT Press, 2009).

6　Erin Manning and Brian Massoumi, *Thought in the Act: Passages in the
　　Ecology of Experience* (Minneapolis: University of Minneapolis Press, 2014).

7　Matt Ratto, ed., *DIY Citizenship: Critical Making and Social Media*
　　(Cambridge, MA: MIT Press, 2014).

8　Nadir Lahiji, ed., *The Missed Encounter of Radical Philosophy with
　　Architecture* (London: Bloomsbury Academic, 2014).

丹麥奧胡斯大學美學與傳播系副教授，研究領域為藝
術、文化及媒體，涵蓋電影、時尚、藝術視頻、介面與
電影，尤其是丹麥電影導演拉斯・馮・提爾（Lars von
Trier）作品中的觸覺成分。英文著作收入許多論文集中，
包括《檔案的展演／展演的檔案》、[9]《北歐國家前衛文化
史》[10]及《全球化藝術》。[11]參與感官實驗室，擔任國際合
作計畫「即時應變：媒體、藝術、事件」研究者，及《省
思：研究／創作集刊》編輯委員。目前是《審美與文化》
（*Aesthetics and Culture*）集刊副主編。

　　瑪麗・朱那梓（Marie Zournazi），澳洲作家、哲學
家、電影導演及劇作家，任教於澳洲新南威爾斯大學
（University of New South Wales）。個人著作包括《希望：
促進改變的新哲學》、[12]《戰爭關鍵詞》，[13]最近與德國國
際知名電影導演維姆・文德斯（Wim Wenders）合著《創

9 Gundhild Borggreen and Rune Gade, eds., *Performing Archives/Archives of Performance* (Copenhagen: Museum Tusculanum Press, 2013).
10 Benedikt Hjartarson et al., eds., *A Cultural History of the Avant-Garde in the Nordic Countries* (Leiden: Brill, 2013).
11 Bodil Marie Stavning Thomsen, ed., *Globalzing Art: Negotiating Place, Identity & Nation in Contemporary Art* (Aarhus: Aarhus University Press, 2011).
12 Marie Zournazi, ed., *Hope: New Philosophies for Change* (New York: Routledge, 2003).
13 Marie Zournazi, *Keywords to War: Reviving Language in an Age of Terror* (Melbourne and London: Scribe., 2007).

造和平》。[14]

本書訪談曾經在下列論文集或集刊中出版：

第1章 *Hope: New Philosophies for Change*. Ed. Marie Zournazi. New York: Routledge; London: Lawrence & Wishart; Sydney: Pluto Press Australia, 2002-2003, pp. 210-42.

第2章 *Inflexions: A Journal for Research-Creation* (Montréal), no. 3 (October 2009), www.inflexions.org

第3章 *Journal of Philosophy: A Cross-Disciplinary Inquiry* (Katmandu), vol. 7, no. 18 (fall 2013), pp. 64-76, under the original title "Affect, Capitalism, and Resistance."

第4章 *Peripeti: Tidsskrift for dramaturgiske studier* (Copenhagen), no. 27 (2012), pp. 89-96 (abridged version).

第5章 Ästhetik *der Existenz: Lebensformen im Widerstreit*. Ed. Elke Bippus, Jög Huber and Roberto Negro. Zurich: Institut für Theorie/Edition Vodemeer, 2013, pp. 135-50, under the original title "Fields of Potential: Affective Immediacy, Anxiety, and the Necessities of Life."

第6章 *Wissen wir, was ein Köper vermag*? Ed. Arno Boehler, Krassimira Kruschkova and Susanne Valerie Granzer. Bielefeld: Transcript Verlag, 2014, pp. 23-42.

---

14 Wim Wenders and Marie Zournazi, *Inventing Peace, A Dialogue on Perception* (London: I.B.Tauris, 2013).

第一章

斡旋於動態中
（Navigating Movements）

瑪麗・朱那梓：[1]

　　我想談希望，以及經驗的情動力面向。前所未有的全球政經虛擬化網絡已經籠罩了我們的日常生活，自由還有可能嗎？儘管如此，我們還是先談談，您認為面對當今現況，是否可能有希望？

布萊恩・馬蘇米：

　　就我個人而言，如果希望這種概念要有用，首先必須不去預期成功，也就是希望不再等同於樂觀。原因是，如果我們把眼光放在未來，合理來說，希望根本沒有太多的空間。全球現狀令人相當悲觀，許多地區的經濟不平等年年加劇，健康及衛生情況越來越糟，環境惡化的全球效應大家都已經感同身受。國家間和民族間的衝突愈發不可

1　朱那梓採訪於 2001 年。

收拾，造成大量勞工和難民的流離失所……現狀如此每下愈況，實在令人氣餒。如果希望是悲觀的反面，值得期待的事物就太少了。從另一個角度來看，如果希望與樂觀、悲觀的概念切割，不再一廂情願地預期成功，也不再計算合理結果，那麼，希望這個概念就變得有趣了，因為它把眼光放在當下。

朱那梓：

的確，將希望著眼於當下是關鍵。否則我們會無止境地面向未來，想像烏托邦的美夢，或是夢想一個美好社會或美好生活，最終只會失望。如此一來，自然難免會引起悲觀，那麼如同您所說，我們只有越來越氣餒。

馬蘇米：

是的，因為每一個狀況的發生，都是多層的組織和趨勢彼此合作或衝突所造成的。所有的因素盤根錯節，不一定能簡單釐清。每個狀況總是撲簌迷離，一旦脫離脈絡就令人不知何去何從，不知如何處置是好。然而，事實上這種不確定性可以帶來突破的能量，關鍵是體認：不確定性提供了機動操作的餘地。我們必須專注於隨機操作的可能性，而不去預期成功或失敗。你會感覺到，總是有試驗探索的空隙。如此一來，任何狀況就有突破的潛能了。

姑且借用科學術語來說，現況的「邊界條件」（boundary condition）絕非封閉的，而是一個開放的門檻或臨界點（threshold），也就是可能性的臨界點。每個當下，我們都是在跨越臨界點的過程中。只要有這個體認，無論何種疑懼當前，無論有任何合理期待，都不至於覺得困坐愁城。我們也許無法走到盡頭，但至少有下一步。如果預期渺茫的未來有一個目標能解決所有問題，根本遙遙無期。比較起來，如何選擇下一步並不可怕。對我來說，烏托邦式的想像才是毫無希望。

朱那梓：

　　那麼，您的「情動力」概念，如何與希望連結？

馬蘇米：

　　在我的著作中，我用「情動力」概念來談突破困境的邊界，每個當下我們都在邊界尋找出路、判定處置的方法。也許我是以「情動力」概念來取代「希望」。我認為「情動力」很重要，原因之一是它的試探性：聚焦於下一步而不去妄想烏托邦的願景；這既非退縮也不是妄進。應該說是，更深刻地體驗當下的腳踏實地。要深刻體驗情動力，必須了解「情動力」不只是個人的感受。我說的「情動力」有別於日常概念的「情感」。我的看法主要來自斯

賓諾莎，他談個體（body）時，是在談個體的感應能力。「感」（to be affected）與「應」（to affect）總是合一，並非指兩種不同的能力。別的個體感受到你的訊號時，你也會同時敞開自己接受它的訊號，而且此時你與前一刻已經稍有不同。你已經過渡為另一個你，無論改變是多麼細微。就能量的微調來看，你已經跨越了一個臨界點。要記得斯賓諾莎如何談論個體：他認為，個體最重要的意義是它一路發展的能量。這完全是務實的定義，任一個個體的定義，就是它一步步累積起來的能量。這些能量的力度，是持續變化的。個體的感應能量——亦即個體的情動力——並非一成不變。

由於如此依賴情境，情動力會如潮水似的起伏，有時如大浪般暴襲與狂飆，有時會觸底。因為情動力完全依附於個體的動態上，所以不能將情動力簡化為情感。情動力不只是主觀，但也並非完全沒有主觀的成分。斯賓諾莎指出，每一次過渡都伴隨著能量變化的感覺。情動力與過渡的感覺不是二分的，而是一體的兩面，有如感與應的關係。這就是深刻體驗情動力的第一層意義：每次情動力都是雙重的。每次改變的經歷，每次感應的經歷，都與此經歷的體會相重疊。這使得個體的動態具有一種累積的深度——累積於記憶、習慣、反射作用、慾念、傾向之中——如影隨形，伴隨著個體體驗著所有的過渡。這種不

斷進行中的體驗所累積的深度，就是靠特定時刻的某種個人情感來註記。

朱那梓：

　　那麼說來，情感不足以表達我們的深層體驗？

馬蘇米：

　　這樣說吧，每一種情感只能表達情動力的極小部分。情感只汲取記憶中有限的段落，舉例來說，只啟動某些反射作用或傾向。沒有任何單一的情感狀態能容納我們深層體驗的全體深度及廣度——也就是我們所有雙重體驗的整體。意識層面的思考也是如此。當我們感覺到某種特定的情感，或思考某個特定的想法時，應可能同時湧現的其他記憶、習慣、傾向，究竟去了哪裡？與它們不可分的個體感應力，又去了哪裡？它們不可能時時刻刻都湧現，但也並非完全缺席，因為下一步有可能湧現另一種不同的情感、想法及感應能力。它們都還在，就潛能而言，它們幾乎都在場。整體而言，情動力是所有情感、思考、感應力潛能的共生。

　　這就是體驗情動力強度的第二個面向：可以說感應力有許多潛能，伴隨著我們的動態人生進展。我們總是隱隱約約感覺到，這些潛能亦步亦趨，我們稱之為「自

由」，盡全力護衛著。然而無論我們多麼確定潛能就在身邊，它似乎總是難以企及，但又也許轉個彎就得到了。因為潛能並非真正的在場，而是幾乎就在場。但如果我們能夠採取微調的、實際的、實驗性的、策略性的步驟來擴展我們情感的記憶，或靈活解放我們的思考，就能一步步地接近我們的潛能，使潛能逐漸垂手可得。如能取用更多的潛能，就能激活我們的人生，不致於受困於現狀。即使我們不能完全自由，還是能經驗某種程度的自由，或是有自由的迴旋餘地。任何時刻我們的自由程度，就看我們往下一步走時，能從經驗汲取多少潛能，看我們如何激活人生、斡旋自如。

要再度強調，這其實完全攸關於當下情境的開放性，以及我們如何經驗這種開放性。要記得，我們經驗開放性時都是靠身體來體驗的，而且絕非完全是個人體驗──並非完全侷限於我們的情感和有意識的思考中。也就是說，並非只關係單獨的個人。就情動力而言，我們不是與世隔絕的。因為根據斯賓諾莎的定義，情動力基本上就是連結的狀態，和其他個體連結，也和其他情境連結。情動力攸關個體參與整體生命歷程的角度，此歷程是超越個體的。情動力越激烈，個體參與整體生活的體認越烈──這是一種深層的歸屬感，與他人休戚與共，也與他方息息相關。這方面斯賓諾莎已經給我們許多啟發，但他

的想法必須以其他思想家的著作來補充，例如伯格森對經驗張力的看法，又例如詹姆士對經驗連結性的論述。

朱那梓：

您對斯賓諾莎和情動力的看法，不知我這樣說是否太武斷了：生而為人，我們原始的本能就是比較能感受到與世界及他人的連結？這幾乎是一種自然的能力……

馬蘇米：

我不會說情動力是原始的，或自然的。比起冷靜下來思考、或以語言來表達意見，我不認為情動力的張力更自然。但是，就情動力的直接而言，可以說情動力是原始的。談論情動力不需要概念或媒介。文化理論學者或者談身體及身體的社會文化情境，或者談我們的情感思想和語言，彷彿兩者是完全不相干的兩回事，似乎兩者之間需要某種中介才能彼此溝通；意識形態理論的設計就是為了這個目的。中介，無論以何種形式出現，是許多理論家用來克服笛卡兒身心二元論的方法。但這種方法實際上只是讓身心回歸二元，最多在其間搭個橋樑。但如果按照我剛才所提出的方式來定義情動力，那麼情動力就包括了相當複雜的功能，像語言一樣。身體的每個功能都牽連到情動力，從抬腳走一步到張嘴說話。簡單來說，情動力就是

從潛能的眼光看身體的動作，也就是看身體動作的潛能，更精確來說，就是身體動作的作為能力。必須看活動的類型，還有這些類型有什麼樣的可能性。

如前所述，我說的直接並不一定是隨心所欲，雖然通常認為自由就是如此。如果說情動力是直接的，意味情動力總是直接處於過渡之中——亦即身體總是從當下的情境過渡到下一個情境。這也意味身體在情境中的雙重性——身體中重疊著過去的所有可能：過去身體在過渡時如果更努力一點，是否可能有不同的作為？身體每一個當下都在改變中，現在的身體跟過去不同，當下與過去的自己重疊之時，身體隨時都在往下一刻進行。當下的身體透過記憶、習慣、反射作用等等，時時刻刻與過去的自己重疊。也就是說，不能認為身體與它的情動力維度是合一的。身體從情動力維度中選擇、汲取並實現某些潛能。廣義來說，情動力就是身體每次言說或行動之後，所遺留下來的潛能——這就是身體取之不盡、用之不竭的潛能。從另一個角度來看，這種無盡的潛能是一種額外的儲存。每一次有意義的言說、任何有作用的舉止，彷彿同時伴隨著一種儲備能量：是潛伏、嶄新、或創造的能力——模糊依稀，卻是直接體驗到的一種盈餘，隨時會浮出，是生命奮力持續前行時所滿溢出來的東西。

朱那梓：

　　立刻想到的是憤怒，是一種強烈的身體經驗，當場突發的一種張力。如您所知，憤怒似乎沒有任何正向的力量，因為經常是對某些事情的反動……

馬蘇米：

　　我認為，像憤怒、笑聲之類的情動力表現，也許是最有力量的，因為都突破了一種情境。就這個意義而言，是負面的。這類情動力突破了正在進行中的言說或行動：也就是正常人際串連和互動的發生，或日常活動的實踐。因此，這類情動力乃因不適應規範而爆發。例如憤怒，強迫某些情境彰顯，以過度強烈、無法言傳的情感張力來強迫中斷。憤怒經常淪為吼叫和無聲的肢體動作。這種中斷就迫使當下的情境重新部署，以各種方法來面對這種情感張力。就此意義而言，這類情動力帶來了正面的結果——情境的重新組合。

　　面對突發的憤怒時，反應方必須立刻盤算或判斷。這種判斷，並非左思右想、窮盡所有可能方案之後得來的——不會有那種時間。實際上你必須當下立時判斷，全身投入態勢。對怒氣的反應通常充滿肢體語言，就像怒氣的爆發一樣。態勢壓力爆棚，即使竭力避免肢體動作，自我壓抑本身就是肢體語言。怒氣引發一連串立即可能的後

果，同時撲面而來——和談、暴力相向、或斷交——也必須不假思索地做出反應。因此，有一種思考是身體內部產生的，透過情動力，當下判斷各種可能的方向和情勢的後果。這種判斷不外是置身於當下情勢中，身體所做的反射性回應。普爾斯（C. S. Peirce, 1893-1913）稱之為「直覺判斷」（abduction）[2]：一種仍然潛伏於身體中的感受，瞬間反應之前的萬念叢生，是一種尚未能到達意識層面的思考，也無法用精確的言語表達。[3]

2　朱建民將 abduction 翻譯為「假推」。參考朱建民，《普爾斯》（台北：東大圖書公司，1999），頁 181。

3　美國哲學家普爾斯發展出 abduction 的邏輯概念，又稱之為 perceptual judgment（當下判斷），是一種直覺判斷類型，有別於演繹法（deduction）及歸納法（induction）。參考 C. S. Peirce, *Pragmatism as a Principle and Method of Right Thinking: the 1903 Lectures on Pragmatism* (Albany: State University of New York Press, 1997), pp. 199-201; *The Essential Peirce: Selected Philosophical Writings*, vol. 2 (Bloomington: University of Indiana Press, 1998), pp. 155, 191-195, 204-211, 226-242. 馬蘇米受到德勒茲的影響，以「情動力」及「身體經驗」來說明這種「直覺判斷」，參考 Brian Massumi, *The Power at the End of the Economy* (Durham and London: Duke University Press, 2015), pp. 42-48。這方面的討論，可以回溯到 1884 年詹姆士批判笛卡兒身心二元化的著名研究，參考 William James, "What Is Emotion?", in Wayne Dennis, ed., *Readings in the History of Psychology* (New York: Appleton-Century-Crofts, Inc., 1948), pp. 290-303. 詹姆士認為真正觸發情緒反應的是身體，而非大腦。這種概念即是「身體認知」（embodied cognition），又稱為「身體化」（embodiment），相關理論的源頭是斯賓諾莎，參考本書〈跋〉。

朱那梓：

　　對，對，類似一種瞬間發作（capture）……

馬蘇米：

　　是的，我想，可以說這種感覺是情動力的標記，我剛才曾提過的——一種稍縱即逝的過渡感覺。情動力是身體的思考，是身體模糊感受到的，但是尚未完全形成為思考。這是思考的流動，或是流動中的思考。例如「直覺判斷」之類的邏輯類型，可以用來描述它。

朱那梓：

　　對我來說，「直覺判斷」彷彿是片刻的凝滯（stealing of the moment）。除了凝滯以外，還可以有很多意思，例如被一種外來的力量掌控……

馬蘇米：

　　或者，也可以是被情境所捲入，被情境的態勢和紛擾掌控了，而非你掌控了情勢。但這種情勢的掌控，不一定是壓迫，可以是……

朱那梓：

　　可以是我們剛才說的那種自由……

馬蘇米：

正是。可以伴隨著一種生機勃勃的感覺，感到更有活力。這比找到正確答案或正確結果更有意思，雖然到頭來也的確可以帶來結果。這種感覺強迫你找到一個斡旋的餘地，這是窮盡理性都不可得的。這種感覺可以改變你，擴展你的能量。這就是具有活力的意義。

因此不能說情動力有正面或反面的涵義，那是從外部來判斷情動力，走向了道德化的方向。斯賓諾莎將道德和倫理劃分開來，他認為倫理化的方向不會按照先入為主的判斷系統來劃分行為，將行為貼上正面或反面的價值標準。倫理化評估的是，行為究竟汲取和表達哪一類的潛能。一個人受困的時候，究竟是以玩笑來化解還是勃然大怒？這種不確定性會改變情境的情緒。情動力的醞釀和開展是一種倫理行為，因為它影響到人的走向和行為，帶來後果。

朱那梓：

那麼說，倫理總是情境的？

馬蘇米：

就此意義而言，倫理完全是情境的，完全是務實的。而且倫理總是在人際間、社會差距中發生，它的內涵

無關善惡。一個行為的倫理價值，取決於它如何解決、轉化情勢，如何突破並開展社會關係。倫理的關鍵在於，我們如何在不確定性中合作共處，而非判定誰對誰錯。尼采和斯賓諾莎的理論即使不劃分善、惡，還是有好、壞的區別。根本來說，所謂「好」，是以情動力為基準，看是否能為情勢帶來最大的潛能或關係重組。這要以「流變」（becoming）的概念來定義。

朱那梓：

　　這讓我想起您的概念：「行走有如捽跤的控制」（walking as controlled falling）。就某個意義而言，我們每踏一步都必須和地心引力合作，才不至於跌倒。但我們不會有意識地考慮這個問題，因為我們的身體在行進中時既有限制，也有自由。我覺得這個問題很有趣，因為，從另一方面來說，這讓我思考另外一種關係：知覺與語言之間。我覺得「情動力」和身體移動的概念，可以提供一個更完整和更活潑的方式，讓我們理解經驗和語言的關係。

馬蘇米：

　　我喜歡「行走有如捽跤的控制」的說法。有一點像諺語，美國前衛藝術家、音樂家及電影導演安德森（Laurie Anderson, b. 1947）和其他人也曾經用過。意思是：自

由，亦即向前行走、渡過生命的能力，不一定是逃避限制。限制到處都是。我們走路時，涉及地心引力的限制，還有平衡的限制、穩定的問題。但是走路時，你先要放棄穩定，讓自己幾乎要摔倒，繼而防止摔倒，恢復平衡。我們向前行的時候，是和各種限制拔河，而非避免限制。行動是自由開放的，即使無法避免限制。說話也一樣。我認為這是遊走於限制和操作餘地之間。如以傳統概念來看語言，認為語言只是某個字彙在對應既定的意義、或合議的看法，這就僵住了。這只是把語言看成是一個徹底傳統的系統，要指示別人按照你的看法來看問題。這只是指示：這就是大家都可以同意的看法了。然而，如果仔細思考，每一次談話經驗都有一種獨特的感覺，而每一次經驗都無法用語言表達來窮盡所有細節。部分原因是，在同一個情境中，沒有任何兩個人的經驗是相同的，聊起細節來彼此可以辯駁討論得沒完沒了。其次是因為，這些細節微妙之處太多了，根本無法用語言完整表達，尤其是純屬影射、想像的部分。但是語言有些用法，可以彰顯語言和經驗的不相稱，表達出情境中「太多」（too much）的部分——亦即情境所充斥的能量——這種能量可以醞釀新的經驗。

　　幽默是主要的例子，還有廣義上的詩意語言。因此語言是有雙重功能的：一方面捕捉經驗，將經驗規範化、正常化，提供一個中性的參考架構使經驗可以溝通。但同

時，語言可以傳達「經驗的獨特性」，也就是我們一直在談的「情動力流通」（affective movements），尚未完全歸屬於特定情境，而是開放性的情動力流通。體驗這種變易的潛能，體驗每個情境都在醞釀的、甚至是最傳統的多變性和獨特性，並不一定是控制流動，而是斡旋於動態中。意思是投身於正在發生中的經驗，使身體與動態中的機緣合拍，隨波逐流。更明確的說，是隨情境而漫遊，或隨情境而扭動調整，而非控制或規劃情境。控制的方法就像把我們放在經驗之外，看著經驗，彷彿我們是無形的主體在處理一個物品。但我們的經驗並非物品，經驗就是我們，我們是經驗所創造的。我們就是我們經驗過的所有情境，我們因參與情境而成長，而非在情境之外的一個無形個體，只觀察情境的發生。

朱那梓：

語言的流動很重要，打開了感知的另一扇門或窗子。但是，我想，作為知識分子，批判論述和理論寫作中的規範式語言的確有問題，因為這種語言停止流動，以特殊的術語和方法來表達一切，中斷了理解自由和經驗的潛能……

馬蘇米：

批判實踐如果目標是增進自由和流動的潛能，那是不恰當的。因為要明確批判任何事物時，必須鎖定事實。可以說這種做法幾乎是殘酷的，把某些成分切割掉，將某些固定特性歸屬給它，然後對它蓋棺論定——把它當成一個物品，對它做道德批判。我了解，用「批判方法」不等於「有批判性」。但我還是認為批判有道德的意涵，因此批判失掉了經驗中更具有流動性的層面。情動力的連結和當下身體的直覺反應，並非那麼專注在掌控和判斷上，因此就被批判排拒了。

朱那梓：

非批判性的看法很有趣，因為大家都知道，我們總是難免會做判斷……如果批判思考不做判斷，會很難。要走向非批判性需要很大的勇氣，否則……

馬蘇米：

這麼說吧，必須要願意冒險、犯錯、甚至顯得笨拙。批判不容許如此，一個批判觀點如果想做出確定判斷，最後總是失敗，因為這種做法遠離了批判的過程。在此過程中間可能會突發些什麼事；批判所專注的中心點之外，可能會有難以察覺的事正在發生。這些發展後來可能

變得很重要。對判斷而言，鎖定和排除的過程可能也會是弱點，因為排除了變化的種子，也排除了正在形成的連結性，這些在一時看來尚未展開，也不明顯。要跟這些可能性合拍，必須願意冒險。就某個角度而言，判斷性的理性是極弱的認知類型，就因為它太有自信了。不是說不能用它，但它應該與其他認知方法互補，不應該完全依賴它。如果知識分子把判斷性的理性當成唯一或最重要的方法，會遭遇很大的限制。

例如反全球化運動，我們很容易找到它的弱點，無論是策略上或對資本主義的分析上。但是假如你想等一個運動回頭來配合你心目中的特殊觀點，你會等到生命都浪費了。凡事不可能那麼順利。但還好，沒有人乾等。許多人一頭栽進去，開始實驗和建立網絡，一步步來。結果，人與人之間、運動與運動之間，新的聯繫將世界各地區的不同政治階層連結起來，下從最本土的草根階層起，上至結構最完善的非政府組織，各有各的組織結構。在極短的時間內，環繞全球化的論述轉變了。事實上，不僅是環繞全球化的話語，而且包括全球化的機構本身。如今任何國際會議舉行時，議程上不可能沒有關於貧窮和健康的議題。離解決問題還很遙遠，但起碼已經開始了。重點在此：持續努力。

朱那梓：

「受控制的行走」（controlled walking）是個很好的例子，可以說明您剛才的話題：自我的受限及種種自由的可能。但同時我聯想到「控制型社會」（societies of control），這也是您的著作討論過的。我們現今在受控制的社會中過活，控制和權力在這個新時代如何也提供自由的可能？

馬蘇米：

物理學有一個著名的問題，深刻影響混沌理論（chaos theory）的發展。這就是「三體問題」（three-body problem），討論「牛頓運動定律」（Newtonian laws）如何完全控制物體規律的運行軌道。例如，如果有兩個物體因為地心吸力而相互作用，一切都可以估算、預測。

如果知道，這兩個物體在某個時刻彼此的相對位置，就可以推算出一個軌跡，得知過去或未來某個時刻它們兩個的位置。但是如果有三個物體在一起，就潛入了不確定性的餘地。到了一個限度，它們的軌跡就無法明確決定，它們的移動會不穩定，結果使得位置完全偏離預期。發生了什麼事？在一個完全決定性的系統，怎麼會有不可預期的變化潛入？這不是物體莫名其妙打破了物理定律，而是干擾或者共振。實際上這並非離散的物體和軌道的相

互作用，而是場域（fields）[4]的作用。地心引力是一個重
力場（gravity field），充斥相吸、相撞、繞軌運行或向心
移動、離心移動的潛能。這種種潛能形成相當複雜的干擾
模式，以至於當三個場域重疊之時，或多或少的不確定性
就潛入了。這不是說我們沒有足夠詳細的知識來預測。由
於這種不確定性是客觀事實，所以正確的預測根本不可
能。所以，即使在最決定性的系統中，也有客觀程度的自
由。物體共聚的動態運行中，即使是按照最嚴格的法則，
還是有什麼翻轉了限制，進入了自由的狀況。情動力就像
是人類的重力場，我們所說的自由就是情動力在關係網絡
中的翻轉。自由不是打破或逃離限制，而是翻轉限制後得
到某種程度的自由。你無法真正的脫離限制，就像沒有人
能脫離地心引力。公理定律是我們的一部分，是我們的自
我認同所固有的。舉例來說，沒有人可以脫離性別。有關
性別的文化「定律」，是自我認同的一部分，這些定律是
我們成為個體的過程中所不可或缺的。你無法一步就脫離
性別認同，但是也許可以逐步鼓勵性別認同的翻轉。這絕
對不是個人所能做到的，而是牽涉到扭轉人際關係的干擾
和共振模式。這是連動性的任務。不是對自己或對個別的
他人採取行動，而是操作所有他人的連結，操作他們的凝

---

4 例如電場（electric field）、磁場（magnetic field）。

聚力,操作他們的歸屬場域(field of belonging)。我的意思是,有各種方法可以操作歸屬感本身的層次,也就是個體聚集起來行動的層次。這就必須評估集體潛能的倫理價值,就我們剛才討論的倫理概念而言。必須是對事情的連結性本身的關照,這是歸屬感的政治,而非認同的政治。這是連動網絡興起的政治,而非個別利益領域互相吸引或互相衝突的可預期政治。對比利時科學哲學家斯當傑(Isabelle Stengers, b. 1949)而言,這種政治是實踐生態學,是人際的務實政治。對我來說,這是身體的直覺反應政治,必須在情動力層面運作。

朱那梓:

這種政治生態牽涉到什麼?

馬蘇米:

要走向那種政治生態,必須不把限制或權力看成是控制性的權力。權力總是給予。法律最強大的權力是塑造我們的權力。權力不僅強迫我們走上某些道路,也將這些道路嵌入我們的內心,因此等到我們學會服從權力的限制,我們事實上是在順從我們自己。權力的影響,是塑造我們的認同。這是傅柯(Michel Foucault, 1926-1984)教導我們的。假如權力只是從我們外部來的,假如只是外在

的連動，那就簡單了，只要逃開它就是了。一九六〇、七〇年代很多人這樣看權力，包括我自己。只要退出，不再走向墨守成規的、筆直的窄路，性別歧視之類的問題就會消失。但這類問題並未消失。事實複雜得多。權力從潛能場域（field of potential）潛入我們，塑造我們的內在，成為我們身心結構的根本，不可或缺，使我們萌生為具有獨特認同的個人。如同權力塑造我們，我們實踐權力。因此可以說，權力和自由一樣有潛能，只不過權力的潛能發揮只限於少數幾條可預期的道路。這是情動力可預測的部分：最可靠的下一步和結果。如同傅柯所說，權力是有效的，它所帶來的，與其說是壓力，不如說是紀律。說到這裡，我們可以討論「控制型社會」和資本主義……

朱那梓：

　　我正想問您這些問題……

馬蘇米：

　　很清楚的，資本主義在第二次世界大戰後歷經一次主要轉型，但要明白這個轉型的意義很困難。對我來說，最有用的方法是義大利的後自主論馬克思主義（post-Autonomia Italian Marxist movement），尤其是義大利馬克思主義社會學家奈格里（Antonio Negri, b. 1933）的理論。

論點是，資本主義權力的運作，大抵已經放棄了「掌控」
（power over）的控制概念。這正是傅柯的「規訓」權力
理論崛起之時。規訓權力的初步是，把身體拘禁在由上而
下的機構中，例如監獄、精神病院、醫院、學校等。這種
拘禁，是為了設法讓人的行為更加具有規律性，目的是製
造正常化：善良健康的公民。當由上而下的規訓權力站穩
了而且普遍化時，就設法不以拘禁達到同樣的效果。監獄
衍生了中途之家，醫院衍生了社區診所和居家照護，教育
機構衍生了自學和轉業訓練的企業，開始在開放的場域運
作。到某一個特定時機，開始更加專注於場域點對點的接
力，也就是從機構到機構的轉換，而不是只進入機構本
身。這已經潛入機構之間的中介位置了。此時，就開始在
干擾和共振上直接操作，我剛才提過這個概念。這等同於
開始直接操作身體的移動和動能，製造越多樣、越不穩定
的動能越好。正常性開始失守了，規律性鬆動了。正常性
的鬆動，正是資本主義動態運作不可或缺的部分。這並非
僅是自由，而是資本主義特有的權力運作。規訓機構權力
不再能說了算，因為打造多樣性是資本主義的權力，否則
市場會飽和。只要打造多樣性，就能開創量身打造的市
場（niche market）。[5]最奇特的情動偏好都可以，只要賺

---

5 一般譯為「利益市場」或「小眾市場」。但是 niche market 並非針對小
眾，往往引領大眾風潮。

錢就好了。就是為了索取勞動的剩餘價值，資本主義開始強化或多樣化情動力，劫持了情動力，目的是加強利益的潛能，其實是強化了情動力的商業價值。於是，追求剩餘價值的商業邏輯占據了政治生態學的連動場域（relational field）——這本來是拒絕認同、拒絕墨守成規的倫理場域。這種現象非常令人迷惑不安，因為資本主義權力的能量和反抗力量的能量，似乎銜接起來了。

朱那梓：

對我來說，這就涉及一個問題：資本主義如何獲得潛能、如何形成組織？我想提出兩個問題，第一個問題與希望相關——今天我們的抱負和希望，直接和資本主義連動。希望的潛能自然受控於貨幣系統、經濟需求、或所有權，與之息息相關。其次的問題是對資本主義的希望和疑懼。我認為希望和疑懼是一體的兩面……

馬蘇米：

絕對是如此。如果多談談資本主義的轉變和其內涵，然後再回到你的問題，會有幫助。奈格里等思想家指出，資本主義的產品變得越來越不具實體，越發仰賴資訊和服務。物品和實體商品，過去是經濟的引擎，如今在獲利上逐漸變得邊緣化。例如，電腦的價格不斷下滑。要靠

電腦的製造來獲利很困難，因為不同公司出產的相同產品眾多，都可以互相取代。

朱那梓：

　　就某個意義來說是大量生產，或者，是另一種概念的量產？

馬蘇米：

　　的確是量產，但結果是一種不同的產品，因為產品不能獲利的時候，又能賣什麼？能賣的是產品周邊的服務，還有使用產品工作時所需要的專利。這就是為什麼專利權的問題這麼重要。資本主義產品越來越是一種知識財產，要買它的使用權，而非就只是買一個物品。如果買一套軟體，通常你甚至不該為自己做副本，例如一個給桌上電腦，一個給手提電腦。買一本書的時候，你擁有一個物件，可以轉賣、出借、重新裝訂，或複製給自己使用。買一套軟體時，你不是買物件，而是買了一堆功能。你買到的是使用這些功能的權力，附帶種種限制條件。基本上你是買了權力來做這做那，跟他人相互感應——文書處理、影像擷取和處理、印刷、計算的功能……具有強大潛力，同時又受限。這些「尖端」產品越來越多價值，正吻合「合流」（convergence）這個流行概念。當你買一個電腦

化產品時，可以用它做許多不同的事，用它展延你的情動力潛能。它變成你生活的驅動力，你的活力彷彿用渦輪增壓了。它讓你前進得更遠，做更多事，更與外界融合。即使是傳統產品的銷售也照這個模式。經銷商說，你不只是買了一部車，而是買了一個生活風格。你消費的時候，不只買一個特定用途的東西，同時買了一個人生。所有的產品的實體變得微不足道，彷彿一片氛圍，行銷越來越鎖定風格和品牌打轉。

朱那梓：

　　越來越沒有意義？

馬蘇米：

　　也許，也許沒意義，但不一定，因為風格或品牌，都是企圖表達我們剛才說的生命力或活力。這是在賣經驗或生活風格，群眾集結在一起，是因為購買同樣的商品、用這個商品做同樣的事。因此，擁有物品變得相對的不那麼重要。強調「炫耀性消費」是過去的事，現在取代的是讓買家參與經驗。如今，必須關注如何強化經驗。廠商努力打造品牌忠誠度，到處充斥「客戶忠誠計畫」，例如獎勵積分。商品變成人生長期的一部分，透過忠誠計畫、服務網、升級保證等，把你拉入廠商的連動網絡，你使用

產品的方式也越發導向連動性。最吸引人的產品打造的
是連結的可能性,「連結性」是另一個流行概念。買一個
產品的時候,我們買的是和其他東西——尤其是和其他
人——的連結可能。例如,當一個家庭買了一部電腦以便
用email聯繫,或你買了一部電腦來工作,結果參與了網
路的社群。銷售越來越多的是經驗,社交經驗。公司或資
本主義廠商必須圍繞產品,創造社交網絡和文化連結點,
產品的使用越來越為了創造向外輻射的網路社群。「網聯」
成為1980年代的流行語,這種新型態的資本主義力量正在
興起。行銷本身開始根據這些方向操作。有一種新的行銷
方式叫做虛擬行銷,專業廠商會瀏覽網頁,找尋自然形成
的共同興趣社群。先是音樂產業,圍繞著樂團粉絲的網
絡。結果找到一群人對某個樂團或演出者有強烈的情感依
賴,以樂團或演出者為他們自我觀感和生活品質的核心。
音樂公司會連結這些粉絲的網絡,提供他們入場卷、內幕
信息,或特殊見面會,粉絲的回報就是同意擔任某些行銷
任務。於是行銷和消費、生活和購買之間的差異變得越來
越小,甚至難以區分。無論生產端或消費端,追求的都是
實體消失的產品,基本上是文化產品或參與經驗的產品,
全都具有集體層面。

朱那梓：

因此，我們這些消費者，是全球集體交易嶄新網絡的一環……

馬蘇米：

個別消費者被誘導進入這種集體過程，已不被視為單獨的自由消費者——過去應該會多方了解、做出個人理性選擇的消費者。現在已經超越了量身打造的市場，進入連動性的市場。運作的關鍵是感染性，不是說服顧客；是情動力，而非理性選擇。操作的層面，多半是我們「非特定的社交性」，至少不會少於認同性層面。逐漸的，商業買賣搭上社交場域、社交脈動的便車，也將社交活動導向創造商業利益的方向。奈格里等思想家討論「社交工廠」（social factory）的問題，也就是資本主義的社交化。資本主義不再是只賣物品，而是搜尋、鎖定，或打造、強化產業的運作與生存的潛能。這類工作他稱之為「非物質性的勞動」。最終的產品，是我們自己。資本主義的力量塑造了我們；我們整個人生，我們的活力、情動力，全變成「資本家工具」，以至於我們的生命潛能與資本主義生產力難以區分。[6]這個現象，我過去文章曾稱

---

6 美國的商業雜誌《富比世》（*Forbes*）自稱為「資本家工具」（capitalist tool）。該雜誌創刊於 1917 年，出版社位於紐澤西州的澤西市，與《財

之為「資本主義收編的生命」（"subsumption of life" under capitalism）。[7]

里夫金（Jeremy Rifkin, b. 1945）是社會評論家，現執教於美國著名的商學院（談論收編反抗！）。巧合的是，他對資本主義的看法，實際上跟奈格里類似。他的學生都是下一代的資本家。他的理論核心是所謂的「把關功能」（gate keeping function），其中象徵權力的已非警察使用的警棍，而是條碼或密碼。這都是控制機制，但並不是以前的「施加壓力」，而是接近德勒茲所說的「查核機制」（check mechanism）。到處充斥查核關卡，雜貨店櫃檯查驗了顧客購買的貨品密碼，才能帶出店門。銀行的自動提款機要輸入卡片的密碼，才能進入自己的帳戶。這種查核不會控制你，不會指揮你在特定時刻去哪裡或做什麼，只

富》（*Fortune*）及《彭博商業周刊》（*Bloomberg Businessweek*）齊名，一年出版八次，討論財經、企業、投資、行銷、科技、傳播、科學、政治、法律等主題。（Wikipedia）

7　馬蘇米早在 1995 年的一篇文章 "Shoot to Kill: For a Participatory Critique of Capitalist Power" 就已經發展這個概念，此文收入最近專書 *Couplets: Travels in Speculative Pragmatism* (Durham and London: Duke University Press, 2021), pp. 286-314.「資本主義收編的生命」概念見此書頁 306-308。馬蘇米長期思考這個問題，他 2015 年的著作 *The Power at the End of the Economy* 可視為延續之作，雖然此語彙並未在書中出現。另外可參考 Brian Massumi, *99 Theses on the Revaluation of Value: A Postcapitalist Manifesto* (Minneapolis, MN: University of Minnesota Press, 2018), p. 36-37. 此處馬蘇米指出：「並非人在經營資本主義，而是資本主義貫穿了人的一生」。

是到處潛伏，在關卡點等著你。你自動走過去，你一抵達就啟動了它們。你可以自由行動，但是每走幾步就有一個查核點。這些查核點無所不在，嵌入社會環境中。要繼續下一步，必須要通過下個關卡。受控制的是過關的權力——通關權，牽涉到你去特定場所和處理特定事務。通過關卡時，必須提交檢測的證明，通過檢測就登入了，你的銀行帳戶扣款了，你和你買的食品雜貨就可以過關。也可能登入不成。這是讓你過關的機制，就像機場安檢或有些場所的視頻監控，控制的是通過門禁的權力。

　　社會變成一個充斥許多門禁和關卡的開放場域，變成持續通關的空間。不再是嚴密封閉的結構，有各種各樣的自由，只是到處關卡和門禁，一碰到這些關卡，權力就啟動了。權力的運作攸關你的流動性，但跟你是什麼樣的人沒有關係。過去的規訓權力結構，總是在判斷你是哪一種人，權力的運作就是把你塑造成某種類型。你如果不是合乎標準的公民，就會被打成有罪關起來，是「感化」的對象。那種權力掌控的是大的分類：作為道德主體的個人、對與錯、社會秩序。一切都內化了，如果思考不正確就會陷入麻煩。如今你在通關時接受檢驗，你登入、登出時像流水般，不再被判定無辜還是有罪。通關過程多半自動化，你想什麼、你實際上是何等人，都沒關係。由機器擔任檢測及「判斷」。這類檢測只攸關一個細節：你的銀

行帳戶存款是否足夠,你是否攜帶槍械?這是權力極為侷限性的運作,一種微型權力,但這種微型權力由下而上,層層往上提報訊息。

朱那梓:

這種權力更難以捉摸,因為不知它的「真正」來源……

馬蘇米:

就某種角度來說,你通關後,真正的權力就啟動了。因為你在通報體系上留下蹤跡,被某個系統註記了。這些記錄可以蒐集起來,拼湊成你的行動檔案,也可以和其他人的登入登出比對。這些情資可以大量處理、系統化及綜合分析。在監控或犯罪調查上很方便,但對行銷更有價值。這種流動性的經濟,大半奠基於無形的機制,最有價值的是民眾購買模式和品味的情資。你每走一步、每做一個動作,這種通關系統都可以蒐集資料。你持續提供資訊,反饋你的是廣告,推銷新產品和捆綁銷售的潛能。試想網路上cookies如何操作。你每次點入一個連結,就記錄了你的品味和購買模式,經過處理後,丟回來的是彈出式廣告,勾引你點入特定的連結,希望你會買東西。這是一種反饋的循環,調節你在網路上的行為。這樣說一點都不

誇張：每次你點入一個連結，就等於幫別人做市場調查，提升了別人營造利益的能力。你每天的行為和休閒活動，已經變成一種打造價值的勞動。你只要進行日常生活就生產了剩餘價值，你的行為能力被資本主義利用了。這種憑藉行為而獲得的利益，德勒茲和瓜達里稱為「流動性剩餘價值」（surplus-value of flow）。[8]「控制型社會」的特色是，這種流動性剩餘價值的世代，經濟和權力的運作方式結合起來。日常生活的活動、資本和權力成為一個連續性的運作——監控、登入、提報、情資處理、反饋、購買、獲利，循環不已。

朱那提：

那麼，比較「傳統」一點的權力形式如何運作？我的意思是，傳統權力形式不會消失，反而好像氣勢更盛。

馬蘇米：

一點不錯，目前的情況並非意味著，警察功能及其他傳統的規訓權力形式瓦解了。規訓權力不會消失；可差遠了，事實上有更蓬勃的趨勢。規訓權力的實施經常變得

8 Cf: Giles Deleuze and Félix Guattari, *A Thousand Plateaus: Capitalism and Schizophrenia, translated by Brian Massumi*. Minneapolis (MN: The University of Minnesota Press), pp. 222-225.

更為激烈，正由於實施的場域已經不受規訓的權力所控制，因此規訓權力正處於結構上不穩定的情況。由上而下的國家機制，已經無法真正地有效控制領土。傳統的至高無上主權已經過去，所有的邊界已經變得鬆懈。資本主義因為這種滲透性而增長，把邊界越推越遠。全球化就是這麼回事。但同時必須有機制來監控移動行為，於是警務的職能也開始擴散了，監獄也同時隨著擴散。在美國警務工作正在私人化，成為一門大生意。如今警務工作越來越走向我剛才描述的趨勢，透過關卡監控——偵查、註記、反饋。警務行動，就逮捕而言，是這種動態流程監控的一環，是一種特殊的回饋。機器一旦檢測到槍支，就無法通關，同時啟動了警察的反應，有人就被逮捕了。警力變成一個功能，附屬於另外一種權力，就是我們剛才說的監控權力，那種奠基於監控動態的權力。這是流通中的局部拘捕行動，目的是保障流通。看守所建築的興盛，是這類警務工作帶動的衍生物，因此這個新工業也是一種流動性的剩餘價值。這是一種惡性循環，人盡皆知。無論建了多少看守所，無論關了多少人，不會減低整體的不安全感。這是每個區域附帶的現象，因為資本主義要持續下去，必須維持一切的流動性。自由貿易及勞動市場的流動性，定義了資本主義的遊戲規則。因此即使花費鉅資建立監控系統和看守建築，還是存在著威脅：不應該放行的人竟然通過

了關卡。恐怖主義是最佳的例子。

朱那梓：

　　的確，我也正想到這點——從我們一開始的對話到現在的修正，我想到 911恐怖攻擊事件之後，這種監控又加強了一個維度。

馬蘇米：

　　所有911的恐怖分子，都合法待在美國。他們都通過了關卡。還有多少恐怖分子是同樣的情況？資本主義這個階段，帶來了區域的不安全感。這種不安全感帶來了恐懼，恐懼又帶來更多關卡監控、更多情資處理、更多由下而上回傳的「管控」，變成了一部自行驅動的巨大反饋機器。變成一種自動化機制，我們只要正常過日子和活動，就參與了這個機制，以個人身分，集體登入到這個自動化機制中。在社會意義上，個人變成是啟動關卡的人，也是共同打造流動性剩餘價值的人。如今，權力分散了，下滲到最為局部、片面的關卡。因此而獲得的利益不見得會利益均沾，但權力向下滲透了。[9]我們之間的距離消失了：

---

9 所謂「下滲經濟學」（trickle-down economics），又稱為雷根經濟學，主張富人減稅可以向下嘉惠窮人，使利益均沾（*Wikipedia*）。此處馬蘇米借用來說明權力的向下滲透。

我們的日常活動與權力的運作之間、權力的運作與資本主義能量之間，成為一個巨大、連續性的整體運作。資本主義權力變成是運作出來的；不是輝煌的至高無上權力，而是一種新型的、謙卑再謙卑的權力，無所不在。

　　總而言之，如同以上的討論，監控下滲的潛能化及賦能化似乎帶來希望，但附帶的不安全感及恐懼卻加倍了。權力的運作，越來越操弄情動力的層面，而非由上到下命令適當或正常的行為。因此權力基本上不再是過去規範性、規訓式的，而是情動性的，媒體在這方面扮演了特別重要的角色。政治權力、國家權力的合法化，不再透過治國理念或治理判斷的正確實施，而是透過情動力的管道。例如，一個美國總統出兵海外，竟可以是為了讓國人對自己的國家感覺良好、或提升國人安全感，而非領導者能夠提出精闢的理由來說服老百姓：兵力的使用是正當的。因此主權國家不再以道德前提來合法化政治行為，媒體也不再是中介的角色——由於媒體調節情動力層面的能力，它們已經變成直接的控管機制。

　　在世界貿易中心的911恐攻之後，這個趨勢不幸變得越來越明顯。要到事件過了好幾星期之後，才聽到美國媒體一丁點的分析。全都是英雄殞落的痛苦人情故事，或是恐怖分子就在你身邊的驚悚報導。媒體打造的不是資訊或分析，而是情動力的調控。街頭某某市井小民的隨機傾

吐，透過廣播的散布擴大了情動力。這是另一種反饋的循環，改變了我們如何去經驗我們擁有的何種移動及行為潛能。經常性的安全顧慮滲入生活最基本、最習慣性的層面，以至於難以意識到它如何改變了我們的日常生活基調。你開始「直覺地」限制自己的行動及人際往來，這是情動力層次的限制。這種情動力制約以感情的方式表達出來——請記得我們剛才在區分情動力和感情。感情以姿態及言語來表達情動力，是一種約定俗成或固定的表達模式。在媒體打造情動力制約時，必須以某種操作來克制它。但不能做得過度，否則資本主義的流動會趨緩。在911之後最大的恐懼是，消費信心的危機可能會導致經濟衰退。於是民眾被鼓動以消費為傲，要為愛國而繼續消費。媒體針對恐懼及安全危機擴大反饋，不知怎的就把它變成是驕傲和愛國——用消費來證明你以愛國為傲。從恐懼變成信心，是一種直接的情動力翻轉，方法是透過連續報導、即時傳播，打造慣性的影像循環，衍生出利益。有任何人真正相信，布希（George W. Bush, b. 1946）總統代表治國理性？一點也不重要，反正可以揮舞國旗、開心購物。一旦這種循環啟動了，就必須繼續輸入訊息。要打造更多的驕傲及愛國心，就必須製造更多的恐懼及不安全感來翻轉。有時好像美國政府官員特意鼓動恐懼，反覆釋出恐攻警告，然後又撤回，媒體照單全收。

朱梓那：

的確。

馬蘇米：

要了解權力，甚至是狹義的國家權力，比起意識形態之類的概念，情動力更形重要。情動力的調節已經取代了傳統的意識形態。這並非新的現象，不是911事件才發生的，只是剛好那時爆發出來，無法忽視。在1990年代早期我就編了一本書，名為《日常恐懼政治》，[10]處理的是一樣的機制，但來源是1980年代的雷根時代經驗。這種媒體的直接情動力，至少在電視成熟為媒體之後就開始了——老牌電視人雷根（1911-2004）選上國家領導之後，媒體名副其實就掌權了。國家領導與三軍統帥混合了電視人物的角色。美國總統已經不是威爾森（Woodrow Wilson, 1856-1924）或小羅斯福（Franklin Roosevelt, 1882-1945）那樣的政治家，而是媒體情動力循環的顯眼人物，大眾情動的臉孔。而今電視退位，網路取而代之。在網路上，情動力翻轉的循環變得更擴散，也更在暗裡滋長。從前是群體情動力，現在進入了微政治的領域滋生。這讓情動力更容易轉化為新變種，也讓某些變種像病毒一樣快速

---

10 Brian Massumi, ed., *The Politics of Everyday Fear* (Mineapolis: University of Minnesota Press, 1993).

傳播。

朱那梓：

在「後意識形態社會」，了解情動力的確很重要。意識形態還是在，雖然已經不像過去那麼包覆得密不透風，但還在運作。要真正了解意識形態，必須了解它的物質化，這是透過情動力達成的。這跟直接談政治很不同，因為必須說，意識形態的結構有非常多層面。還有，您剛才談的過渡觀念，資本主義既是其中之一，也在操作它——但其中也的確有自由的可能性。討論這些情動力的層面究竟如何運作，似乎是當前最重要的課題。

馬蘇米：

權力已經變得依賴情動力，非傳統的政治手段似乎不必跟它對抗，而是要學習在同樣的情動力調節層次上運作——以其人之道還治其人之身。這就多多少少需要一種表演、戲劇、或美學的角度來玩政治。例如飽受剝奪的族群，無法由正常管道充分傳達需求。根本不可能。少數利益集團如反全球化運動，在西雅圖抗爭（1999）[11]之前，

11 世界貿易組織（WTO）於 1999 年 11 月 30 日至 12 月 3 日在華盛頓西雅圖貿易中心舉行，引爆大規模抗議事件。結果逮捕了 157 人，後因沒有直接證據，均無罪開釋。（Wikipedia）

無論據理力爭或傳播信念都無法達到目的。他們的信念無法打動人，因為輿論並非運作在理性分析選擇的層次上。很不幸，戲劇化或表演性的操作中最輕易、最有效的，是暴力。假如沒有西雅圖那次破窗翻車的事件，大多數人到現在對反全球化運動可能毫無所知。那次怒火的爆發，實際上創造了許多網絡，連結了世界各地反全球化人士，共同抗議全球化帶來的貧富不均。這種爆發足以翻轉情勢，令人矚目。這次震動彷彿一時天翻地覆，塵埃落定後大家有了新的條理，有人開始串連，這是前所未有的。受盡剝奪的族群，例如巴勒斯坦人或伊里安查亞（Irian Jaya）人，[12]就是無法透過媒體有效據理力爭，因此走投無路之下，被迫採取游擊作戰或恐怖攻擊的暴力手段。基本上是戲劇性或驚人的行動，是表演性的，本身沒有任何意義，唯一目的是引人注目——其過程殘暴不堪，因此往往引起驚人的反彈。這些手段的作用是到處擴散恐懼，然後轉化為團體自身的驕傲或決心。團體內部打造決心，外部製造普遍恐懼。這種手段對抗壓迫，但兩者的分歧撕裂同出一轍，正中了優勢國家機器的圈套。

---

12 主要是巴布亞人（Papuans），為新幾內亞的原住民，爭取從印尼獨立。巴布亞（Papua）是澳洲北方的一個大島。1898 年後由荷蘭殖民，1961 年曾宣告獨立數個月。印尼 1949 年從荷蘭獨立之後，一直企圖併吞巴布亞，與荷蘭、巴布亞爭端不斷。後於 1969 年經由聯合國協調，舉行假公投，結果由印尼掌管。（網路資訊）

　　正是911恐怖分子造就了小布希總統，他們創造了小布希總統，等於是養大了他如今能建構的強大軍力及監控機器。在賓拉登及凱達組織之前，小布希根本不算總統，處境難堪。賓拉登和小布希是情動力夥伴，就像老布希和胡珊，或雷根和蘇維埃領導人。在某種程度上，他們或對抗或共生，有如邪惡的雙胞胎，依賴彼此的情動能量壯大。這是一種吸血政治，這類對立情動力典型之間的鬥爭，是一切問題的起始，沒有其他作為的餘地。一般的暴力抗議，極少具備西雅圖事件的積極組織能力。到了熱那亞事件（2001），[13]開始有人傷亡，反全球化運動已經失去了這種積極力量。運動中有些分子過度使用暴力，而且缺乏策略。暴力變得可預期，淪為老套，失去了力量。

　　對我來說，最關鍵的政治問題是，政治運作的時候，究竟是否可能點收目前權力所操作的情動力模式，而不依賴暴力，也不強化認同的撕裂——這些負面效果通常會伴隨情動力模式而來。我不清楚這種政治運作會是什麼樣子，只知道仍然會是表演式的，而且會抗拒以頂峰人物為典型。基本來說，會是一種美學性的政治，因為它的目

---

13 第 27 屆 G8 高峰會於 2001 年 7 月 18-22 日在義大利熱那亞（Genoa）召開，引發世界反全球化運動的巔峰，大約 20 萬人參加抗議。在警方全力鎮壓下，除了兩名抗議者死亡，超過 400 名抗議者及約 100 名警衛受傷。（Wikipedia）

標會是擴大情動力潛能的範圍——這正是美學實踐向來的
特色，也是我先前所談的倫理概念。瓜達里喜歡用連結線
把這兩個概念連起來——走向一種「倫理—美學」政治。

朱那梓：

　　對我來說，如您剛才的討論，有關政治領域中希望
與恐懼的關係，正是左派及右派都動員的。就某種角度而
言，偏左或偏激進思想的問題，在於並未真正發掘各種情
動力的運作，無論是希望、恐懼、愛或其他。左派批評右
派，因為右派更能運用希望和恐懼的情動力。右派能緊抓
住民眾的想像力，打造愛國感情和趨勢，於是我們完全沒
有希望去對抗日常生活中所發生的點點滴滴。我想，左派
還有許多障礙要跨越……

馬蘇米：

　　資本的文化轉向和社會化、以及大眾傳播的新功
能，的確是傳統左派跟不上的。我覺得，美國左派唯一的
下場，是淪入極度的孤立。於是絕望及孤立的感覺最後會
使我們的反應僵化，只能在自己的正義感泥淖中悶燒，恐
怕會求助於正直和正確判斷，但這些根本不能打動情感。
或應該說，這是反情動力的情緒，是限制性、處罰性、規
訓性的。果真如此，就只是舊體制的可悲餘緒、規訓權力

的殘渣。我覺得左派必須重新學習對抗，要把近年來資本主義和權力操作的現況放在心頭，從反全球化運動的成功和失敗中得到教訓。

朱那梓：

　　從某個角度而言，這段談話讓我想起您著作中提起的「自主與連結」的關係。有許多方面可以想到自主權的問題，但資本主義的面貌一直在變化，要自主變得越來越困難。例如，失業的人對於自己被歸類為失業人口，反應強烈，情何以堪。我的經驗是，官僚手續煩擾不堪，甚至剝奪了我的自主和自由——例如無時無刻的監控、會面和填寫不完的表格。每走一步就會碰到這些程序……因此，如想設法確定失業身分以開創另一個人生，甚至找一份工作，都越來越困難，造成新形式的疏離感和隔絕……

馬蘇米：

　　找個工作讓自己感覺有自主權，越來越難了，因為有了工作，監控的機制會讓你喘不過氣來。你生活的所有面向都牽涉到這些機制——你的日常時刻表、你的服裝，在美國甚至會牽涉到侵入式的步驟，例如定期檢驗毒品。在職的不安全感和想在不穩定的經濟中持續工作——工作穩定性低，能找到的工作又變化快速——會使你即使沒有

工作，也會不斷考慮自己的技能是否有市場，下一個工作
可能是什麼。於是空閒時間都花在強化自己技能上面，也
要花時間照顧自己，維持健康和警覺，才能表現出巔峰的
水準。職場人生和休閒人生的差別崩潰了，你的公領域與
私領域的作為不再能區分。當然，失業的時候，產生了全
然不同的挑戰、限制和監控，但不見得會完全剝奪掉你的
能量。例如，許多開創性的工作是失業人士或打零工人士
發展出來的。

朱那梓：

　　的確，但那種就業經驗的緊張焦慮，形成一個特色：
把人歸類為兩種，就業或失業。然而，實際的生活完全不
是那樣的。我不只是想到我自己和我的失業經驗。我們的
文化沒有方法來表達絕望的感受，只是讓自己覺得你沒有
做對事情，或你不屬於這個社會。其實，是跟商品的關
係；因為感覺上，你無法再銷售你自己或消費。

馬蘇米：

　　有個工作以便多多消費及好好消費，絕對是社會的
期待和要求。要消費各種各樣的經驗，教導你提升自己符
合市場需求的求職技能。絕對有一種要求逼迫你參與，你
如果做不到就被污名化了，你從此不及格，甚至連最想通

過的關卡都過不去。

朱那梓：

　　就是，像申請信用卡，或只是在銀行帳戶裡面有存款。

馬蘇米：

　　但我書中想說的是，無論有沒有工作，人的一生無所謂完全自主、或完全被控制。總是有不同的種種限制，就像妳剛才說的，自由總是在限制中興起——這是限制的一種創造性轉化，而非烏托邦逃避。無論身在何處，還是有潛能，有開口，而開口總是在灰色地帶，在你容易接受或散布情動力感染的曖昧地帶。絕非完全由你個人能力所掌控。

朱那梓：

　　這就是你所說的自主和連結？

馬蘇米：

　　這麼說吧，所謂自主，並不是說完全與情動力隔絕。失業時，你被烙印為邊緣人、不事生產、不屬於社會，但你還是跟社會相連的，因為你和巨大的社會服務網

及監控機制關係緊密。也就是說,你還是處身於社會,只是陷於某種不平等和僵局的連動中。如果想像在社會中有任何可能性,讓你成為一個隔絕的個體、完全掌控自己的抉擇——就像一個拋開一切的自由人,從大雜燴的盤子中隨意挑選——這是天方夜譚。我認為還有另一種自主概念,完全看你如何與他人及其他動態網絡連結,看你如何調節、加乘、強化這些連結。就情動力而言,你的定義並非社會類型——貧與富、在職或失業——而是身為社會類型的一個功能,你所可能擁有的一整套網絡連結及活動潛能;而這些潛能總是處於開放的連動性場域。你可能的作為,你的潛能,最終是由你與社會的連結來定義——究竟你與社會如何連結、是否夠緊密,而非你隔絕自己、自行決定的能力。自主永遠是連結性的,不是隔絕於社會,而是身在其中,這種歸屬感的情境,給你某種程度的自由,給你流變、出頭的力量。究竟有多少程度的自由,究竟這種自由會有什麼直接結果,當然依賴你的社會類型——男女、孩童成人、貧富、在職或失業——但這些情境或定義,並非封閉的框架,不能完全限制住一個人的潛能。對不符合社會價值類型的人,如果表達同情或道德聲援,到頭來不見得有幫助,因為只是在原來的類型中翻轉價值的符號。這是一種慈善施捨,一種道德化的進路,並非情動力的務實方法,並未挑戰以認同為基底的類型劃分。

朱那梓：

　　嗯，這就是慈善施捨的問題。當同情別人時，並不能改變現況或給他們希望。但是，還有另一面，就是您剛才所說的「歸屬感的關懷」。個人利益與隱私觀念一直是我們關注的重心，也就是說，個人價值超越集體奮鬥（雖然由於資本主義及經濟的嶄新現況，這方面正在改變中）。我們這本書的計畫是，嘗試思考個人生存及集體生活的嶄新意義。您的自主及連結概念，對關懷有另類的理解或看法——「歸屬感」及我們與我們自己、與眾多他者的連動性。這牽涉到反資本主義的另類生存觀，還有另類的關懷概念……

馬蘇米：

　　這麼說吧，如果你把自己的生活想成是自主的群體性，或連結的自主性，思考某種程度的自我利益還是有意義的。當然，一個被剝奪的群體必須評估自己的利益，也必須爭取某些權利、某些通行權或機會，通常這攸關群體的存活。但同時，如果任何群體，無論是否被剝奪的群體，只完全認同自己團體的利益，那麼就是在虛構：自己是一個與世隔絕的自主團體。這就失掉了來自冒險的潛能：將事件導向你如何與他人連動，將事件導向流變為他者。因此就某個程度而言，你切斷了自己改變與激化生活

的可能性。如果從潛能與激化經驗的角度來思考，那麼，太強調自己的利益是違背本身利益的。必須不斷地平衡這兩個層次。政治行動如果操作時只是為了可識別的社會類型中認同團體的自我利益，例如男／女、失業／就業等團體，那麼效果就有限。對我而言，如果追求團體利益時排除了其他形式的政治行動，結果就是僵化的──血管都硬化了。

朱那梓：

　　那就會導致心臟病發作或死亡，可不是！

馬蘇米：

　　因此似乎需要一種實踐的生態，讓我們有空間來追求和護衛某些社會類型認同團體的權利；既伸張自我利益，又不僅止於此。如果你體認到生活的潛能來自於你和他人連結的方式，又接受這種連結超越你個人掌控的挑戰，那麼，如同你所說的，就必須要採取一種不同的邏輯。必須想像你是有直接歸屬的，有許多實踐措施是社會定義的，而且也彰顯這些實踐措施的利益，但這些實踐措施都在開放空間中互動。如果整體來看，這些實踐措施之間都有中介地帶。並非一對一的對立，而是蜿蜒蟄伏於所有實踐之間，使得一切都歸屬於同一社會場域──這是一

種不確定或隨時突發的「社會性」。因此，我提議，關懷連動性或歸屬感的人士應該扮演一個角色，設法讓人關注連動性或歸屬感，活用連動性，而非批判或提倡特殊認同或立場。但是，這樣做必須多多少少放棄你自身的利益，讓自己曝露在風險中。你必須放棄採取某一個特定立場，而是置身於中介的地位，這是一種相當不確定的曖昧情境，所有的事物都在邊緣相遇、彼此滲透。

朱那梓：

　　這就是倫理態度，對嗎？

馬蘇米：

　　是的，因為你不確定結果會如何，因此必須小心。介入如果太粗暴，會造成反彈，無法預測這種反彈效果是否會導致一切崩盤，而非重組關係。有可能會導致重大苦難。我想，這可以說是一種關懷的倫理，關懷歸屬感，必須是一種非暴力的倫理，牽涉到把在地的行動看為全球狀況的調節。極小的介入，可能會透過網路的連結擴大，產生極大效應——也就是著名的蝴蝶效應——永遠說不準。因此需要許多專注力、關懷、及直覺判斷，了解事物如何相互連動，了解即使是一丁點的干擾、推動或調整，如何可能改變現狀。

朱那梓：

　　是的，而且這種倫理與希望、享受（joy）的概念息息相關。如果認真思考斯賓諾莎及尼采，享受的倫理及提升是對生命的肯定。如同您所說，即使是小事情也可能被擴大，造成全球效應，這就是肯定了生命。這種日常生活的倫理關係，您有什麼想法？在知識實踐上——也就是我們的研究領域——享受與希望的肯定何在？

馬蘇米：

　　這麼說吧，我認為享受和快樂（happiness）是不同的。就像對尼采而言，善並非惡的相反；對斯賓諾莎而言，享受並非不快樂的相反。這些概念在不同的軸線上。享受會引起分裂，甚至是痛苦的。我想，對斯賓諾莎和尼采來說，享受是一種肯定，是身體在展現自己的潛能，展現一種姿態來強化它的存活力。享受的時刻，是身體流變的脈絡中，種種潛能的共生。享受的經驗可能淹沒你。例如法國詩人、演員、戲劇理論家阿爾托（Anatonin Artaud, 1896-1948），他的藝術實踐都是為了強化身體的潛能，嘗試超越語言的類型及那些語言類型對情動力的限制，或深入其底層。他設法用單一姿態容納行為及意義的廣闊潛能，或者使崩裂及喪失傳統意義的語言，變成一種可能性的呼嘯，一種潺潺不絕的流變。身體找到表達的開口突然

迸發出來，一方面是一種解放，同時那種潛能的爆發也可能變得無法承受，甚至真的具有毀滅性。阿爾托自己被毀了，他最後發瘋，尼采也是。因此享受並非單純是快樂、不快樂，或令人愉快、不愉快。

然而，我真的認為，享受的實踐的確暗示某種形式的信仰。不能是完全的懷疑、虛無、或玩世不恭，這種操作只會讓你與世隔絕，批判、嘲諷、或認為別人不夠格。但是，從另一方面來說，這種信仰不是遵守一套教條、或一套原則及道德律令。德勒茲有一句話我特別喜歡，他說我們必須找到方法去再度「信仰世界」。這絕對不是宗教宣言，也不是所謂的反宗教宣言，而是倫理宣言。意思是我們必須徹底投身在世界中生活，實際體驗我們歸屬於這個世界，就像我們屬於彼此。我們如此極度認真地生活在一起，因此沒有餘地去懷疑現世的真實。這個概念意指：生活的強度就是自我的肯定，不需要一個上帝、法官、或國家領導人來判斷這種概念有價值。意思是，要接受植根於世界、與世界同步活出來。這就是你的真實，你擁有的唯一真實，你的參與使世界成為真實。對德勒茲而言，這就是信仰，信仰這個世界。這種信仰不是討論如何在世界生存，而是：活在當下世界就是了。由於關鍵在立足於現世中，無論現世有任何缺點；並非寄望於來世的完美世界、或未來更美好的世界，因此這是一種經驗主義式

的信仰。這也是創造性的信仰，因為你的參與世界，會是全球流變的一部分。因此也就是享受這個過程，無論結果如何。我想這就是對世界的某種信仰，現世的存續就是希望……但我還是要指出，這種希望沒有特定的內涵或終點——就只是要更豐富的生命，或期待生命更多采多姿。

第二章

微觀感知及微觀政治
（Microconception and Micropolitics）

喬埃爾・麥金：[1]

情動力已經變成一個關鍵概念，在當前的討論中使用廣泛，從非物質勞工的問題，到新媒體的受歡迎。這個概念顯然有許多不同的形式。請您解釋一下，情動力在您的思想中扮演了什麼特殊角色？

馬蘇米：

情動力概念的確有許多形式，你一開始就強調這點是對的。要了解這個概念的意義，必須記得它形式的多變，不能把它簡化成一個單一的東西。重點是，它並非一個東西，而是一個事件，也可以說是任何事件的某一個層次。這個概念讓我感興趣的是，如果你探討它時，能接受它的多樣性，它會提供你一個整體的質疑場域，一個不確

---

1 麥金採訪於 2008 年。

定的場域，在此場域中，我們習慣的區分法都不適用了，例如主體、流變、或政治性的區分。我的出發點是斯賓諾莎的情動力定義：「一感一應的能量」（an ability to affect and to be affected）。這立刻就橫向穿越了一個頑固的區分，可能是最頑固的區分。因為感的能力與應的能力是同一個事件的一體兩面，一方面轉向你可能想孤立的客體，另一方面轉向你可能會孤立的主體。主體與客體其實是一體的兩面，它們之間有一種情動力——情動力是發生在主體與客體之間的。要從主客之間的中介著手，不必繞道而行去問一些老生常談的哲學根本問題，東拼西湊出一個統一性。德勒茲一向這樣教導我們：要配合事件動態的一體性，從中間著手。

斯賓諾莎的情動力定義還有個第二部分，德勒茲經常發揮這個概念，但一般較少引用：感與應的能量主導了一種過渡——身體的一種活力狀態，過渡到能量減弱或增強的另一種活力狀態。這種過渡，必然是「感知」到的。這方面有兩個層次的區隔，一個層次是感受（feeling），另一層次是活化（capacitation）或啟動（activation）。但這種區隔的作用是連動性的，這種感受與啟動的區隔／連動性，就是把我們想像中通常區分開來的自我與身體，置於兩者共同流變的同一事件發展中來討論。

說到這裡已經產生了許多有用和可發展的說法。首

先，過渡的感受，也就是身體從一種生存能量過渡到另一種的感受，和與身體關係密切的事件，多少可做區分，主因是身體與事件激活過渡的能量不同。身體所感受到的，是經驗的「質量」。討論情動力就必須直接面對不同經驗模式、生活模式在質量上的印記。其二，感受到的過渡，會留下蹤跡，形成記憶。因此，不能只限定它曇花一現，因為記憶會回流，以某種能量回流，是一連串週而復始的一部分，以至於身體有一個過去如影隨形。

這就來到第三點了：身體的能量，在準備過渡到減弱或增強的狀態時，跟身體所經驗的過去關係十分密切。過去，包括我們定義的主觀成分，例如習慣、習得的技能、愛好、慾念、甚至希望，都呈現週而復始的模式。但，這並不稍減所有事件都根植於身體的事實。身體前行時，所陸續攜帶著的過去，包括我們心目中的生理及生物層次，例如基因遺傳及系統發育。因此在過渡到一個不同的未來時，也啟動了過去，橫向穿越時間的層次，在過去與未來之間、在不同狀態的過去之間。這種中介的時間或橫向的時間，就是事件的時間。這種時間性讓你可以、而且要求你，去重新思考這些概念：身體的能量、過渡的感受、生活體驗的質量、記憶、週而復始、系列化、傾向，思考這些概念彼此的動態連動。

如果有一個關鍵詞的話，就是連動性。從中介的位

置著手，就是置身於一個連動網絡之中。一種萬事叢生的連動，因為一切攸關事件。把以上種種概念合起來，你會了解，每一次連動的事件會發展出不同的結果。事件每次週而復始地發生時，會汲取不同的過去成分，汲取不同的過去成分就會創造未來新的潛能。萬事叢生的連動網絡就是潛能發揮的所在，所有事件在此重新啟動。萬事重新啟動之處，就是萬事已經蓄勢待發之處。

　　如果有兩個關鍵詞，趨勢就是第二個。情動力過渡時的行動模式，會傾向於某個特定的個體或特定的情勢，多多少少是因為它們剛好可及、或正好已經準備好了。所謂啟動，不僅是啟動身體，也是啟動身體的態勢——當身體的態勢進入並通過情境之時。只要考慮這點，就會理解這是一種連動性的綜合體，一個關係網絡，而非單一的線索。其基本定義——過渡到不同能量生命時的一感一應感受——打開了一個不確定的場域，而非終結於一個明確的答案。結果是一個變化多端的網絡，每次都逼你重新思考連帶的種種概念。要使用它們就必須再次活化它們，沒有一個能套用的普遍定義，也沒有一個你能假設的結構。從另一個角度來說，你也不能沒有任何前提就投入。從中介的位置開始，就是避免現象學的存而不論法

（phenomenological reduction），[2]而是每次思考這個連動網絡時，接受挑戰來活化你的許多概念，活化它們彼此的凝聚力。你依賴的不是一個定義，而是一個前提，不是邏輯意義上的前提，而是邀請意義上的。從這個角度去思考情動力，就是邀請你做無盡的建設性思考，思考什麼是身體化的連動性流變。重點是身體化、變化、及連動性，這就立即帶入政治層面，也非常吸引我。

麥金：

您的描述中，在我看來有兩點特別凸出，可說補充了一般人所引用的斯賓諾莎情動力概念，通常是透過德勒茲理解的。第一點是斯賓諾莎的「共通性」概念（common notions）[3]：個體之間的共通性，允許個別的個體透過建立連動網絡，而增強彼此的能量。另一點是記憶的概念，您的意思是，情動力的體驗，或從一種生命能量過渡到另一種能量的感受，不知怎的可以在不同系列或不同連動網

---

2 胡賽爾的「存而不論法」（phenomenological reduction）：主張去除因襲的先入為主意識現象概念，以便顯露這些現象的本質，或原始真相。胡賽爾的存而不論法有兩個步驟：（1）懸置（Époché──因襲的概念限制了我們對世界了解，擺脫這些定見的過程就是懸置）；（2）存而不論本身（The Reduction Proper──了解這些意識概念是自己接受的而非絕對的，於是得到超越的洞察力，擺脫因襲概念的限制）。*Internet Encyclopedia of Philosophy*, https://iep.utm.edu/phen-red/#H5

3 *Internet Encyclopedia of Philosophy*, https://iep.utm.edu/phen-red/

絡中啟動。當您說，這種記憶是儲存在身體中的，您不見得是指一個個別的身體，而是指在連動網的綜合體中的所有身體。我們進入一個新的連動網絡時，發生了什麼事？我們是否從零開始，還是會帶著情動力的記憶開始？

馬蘇米：

我認為，沒有從零開始這回事。所有事件都重新發生在人口擁擠的世界中。即使一個單一的身體，也總是事先儲存了許多成分：本能、愛好、豐沛的感受、及一大堆的記憶，意識到的或無意識的，充滿了各式各樣的細微差別。重點是如何：如何推動這些擁擠的成分，變為一個新的組合，一個流變的結構？如果以為情動力——亦即身體推進時的感受時刻——發生在主體之間，如果以為「主體之間」意謂著，我們在進入一個主體已經事先形成的世界，或者有特定主體位置讓主體來占據，那就是誤導了。重點正在於主體的萌發，主體的初步構成，或是主體的重新萌發、重新構成。一個經驗的主體，從一個尚未是主體的情境中萌發，逐漸成為主體。就任何一般意義而言，這些情境甚至不見得是主體性的。在主體形成之前，有一個混合體，一個連動網絡萌生的場域，因為太擁擠、太異質性，而無法稱之為主體之間，還不到所有事物穩定歸入主體、客體類別的層次，而是詹姆士稱為「純粹經驗」的

層次。[4]當我說，所有問題要歸結到身體時，並不是說，身體是和自我或主體分開的。我的意思是，身體就是這個混合體的部位，主體即從中萌發。身體是世界和經驗的匯集，是當下此地的，在任何主、客體類別可能分派之前。我們所說的這個情動力部位，不是主體之間意義上的那種中介。也不是有目的性的，蓄意導向主—客兩極化。這是一種世界萌發時的醞釀，也就是我所說的「純粹活動」（bare activity）。這是事件的來臨，透過事件，各種類別、甚至更多的類別，都會回歸。這些類別的重啟，以及伴隨而來的一切，有賴於事件。事件的發生並非因為這些類別已經就定位了。

麥金：

　　那麼，事件之前是什麼呢？什麼導致事件的發生？

馬蘇米：

　　震動（shock）──就是普爾斯所說的震動。[5]情動力

4　CF. William James, "A World of Pure Experience," *The Journal of Philosophy, Psychology and Scientific Methods* 1. 20 (Sep. 29, 1904), pp. 533-43.

5　Cf. Charles Sanders Peirce, "Shock and the Sense of Change," in *Collected Papers, Principles of Philosophy* (1931), Edited by Charles Hartshorne and Paul Weiss (Bristol, England: Thoemmes Press, 1998), pp. 169-70. 根據普爾斯，震動的特色，就是突然改變了注意力（Now that which particularly

對我來說，和震動的概念不可分。然而，不必是戲劇性的。事實上是細微震動，也就是我們生命時時刻刻充滿的小驚訝。例如注意力改變時，或是眼角瞄到的沙沙晃動吸引你的眼光時。每次改變注意力時，就造成了中斷，是生命前進模式的片刻打岔（cut）。這種打岔，可能不經意就過去了，發生時不知不覺，只是它的效應在展開之時進入我們的意識。這就是我先前所說的啟動。我甚至會說，在本質上，這種經驗的啟動是難以察覺的。

這是理解「微感知」概念的一個方法，正是德勒茲和瓜達里所看重的概念。微感知不是小一點的感知，而是在本質上不同的感知，無法在意識註記中感受到。它只在效應上註記。根據這種震動概念，總是有輕微的騷動在進行中，如同詹姆士說的，「有什麼東西在發作」。總是有突然發作的事物岔入，阻斷了連續性的進行。如果要繼續下去，必須要重新開始，要圍繞岔入物重新調整。重新調整時，身體要緊急應變來對付將會發生的事。身體緊急應變時，就恢復了迎接更多活力的潛能性，潛能一旦啟動就存活了。

有時候可以感覺到身體的緊急應變，尤其在受驚或嚇到時最明顯。在能意識到你怕什麼之前，甚至感覺到你

---

characterizes sudden changes of perception is a shock, p. 169）。

自己是感覺的主體之前，你已經陷入情境的可怕氛圍。下一刻你才會意識到，必須搞清楚究竟是什麼讓你陷入恐懼、你應該如何因應。唯有此刻你才明白這是你自己的感受，了解這是你生命中的內容，你個人歷史中的一段插曲。但是在情動力衝擊的那一刻，還沒有內容，有的只是情動力的質量，伴隨著干擾的感受，我剛才說的那種過渡感受。那一刻的世界，只有情動力的質量。在受驚嚇的無法估量時刻，情動力的質量控制了生命，充斥了世界。微感知，就是這種重新啟動世界的純粹情動力感受。

微感知是身體性的。驚嚇或任何其他的情動力感受，沒有不伴隨體內的反應或身體移動的。這是著名的詹姆士─朗格（Carl Lange, 1834-1900）理論（James-Lange thesis；兩人同時各自發表了類似的情感理論）。事實上，這個理論走得更遠，甚至認為情感就是身體的騷動。詹姆士稱之為情感，但就生成的層次而言，這就是我們說的情動力。有人曾批評詹姆士─郎格理論過於簡化，但這是誤解。因為身體在無數事件的重新啟動之時，連帶著讓過去重生、向未來努力的趨勢。身體的騷動具有重新活化的能量，準備好要演變，去增強或減低生命的集體能量。身體此時彷彿切割了連動網的連續性，充滿了建立新連動的能量，帶來改變。微感知的震動，就像重新啟動了我們生命的身體能量。此時身體就是普爾斯所說的「物質質量」

（material quality）：即將發生經驗時的質量，正活生生地躍動著，一直到質量竭盡了。這是一種經驗中的張力，一種生存的騷動，蓄勢待發或做足姿態，準備迎向即將來臨的事件。一種回彈反衝，不是從世界退出，而是準備再度投入世界，無論世界會變成什麼樣子。

我們處身的世界，毫不誇張，充斥著這些反覆啟動的微感知，不斷打岔進入生活、啟動萌發、啟動能量。每一個身體時時刻刻都多少受制於這些微感知。身體是一個能量充沛的綜合體，逐步龐雜地發展。所啟動的許多趨勢及能量，不見得有結果。調動中的某些趨勢及能量在幾乎展開之時，卻還沒啟動就被留置，但即使如此也會留下軌跡。在干擾騷動的時刻，有一種富有創造性的不確定性，是一種建設性的懸疑。潛能會共鳴、相互干擾，從而調節產出的結果，即使還未發生的也會有調節的效應。懷特海稱之為「消極的感知」（negative prehension），聽起來有些弔詭，意指還沒感知到的情緒積極進入一個經驗結構中，正因為它被積極的排擠。情動力概念與調節息息相關：情動力發生時，其結構層次中有許多東西一起發生作用，其中大多東西都是感受不到的。但即使還沒感受到就消失了，也不會更不真實。

例如，許多個體都接受到同一個打岔，都因相同的啟動而預備動作，一起受到震動。這是一個集體事件的發

生，分布在這些個體上。由於每一個個體連帶不同的趨
勢及能量，即使是同時被調動，也不一定會統一行動。
然而，無論最後各自的行動如何分歧，所有的個體都會因
同一個懸疑而展開，因同一個干擾騷動而各自展開不同
的適應。這是美國發展心理學家史騰（Daniel Stern, 1934-
2012）的「情動力調適」（affective attunement）概念，[6]
情動力是個難解的謎，這個概念很關鍵。要了解情動力政
治，文學上所謂的「情動力轉向」所凸顯的概念，聽起來
像是模仿或感染，遠不如「情動力調適」這個說法，因為
後者發現了同中有異、異中有同。因此，它更能反映集體
情境下的複雜性，以及看似「相同」的情動力，其結果的
多樣性。情動力是沒有一致性的。同樣的事件，會有情動
力的分歧。再舉經典的例子，對恐懼的反應可以是天差地
別，即使在同一個人的一生中，不同的時間點也會呈現重
大的差異。

麥金：

　　您提到情動力政治的概念。這種對事件和微感知的
看法，為何是政治性的？請多談一些。

6　Cf. Daniel Stern, *The Interpersonal World of the Infant: A View from
　　Psychoanalysis and Developmental Psychology* (New York: Basic Books,
　　1985), pp.138-161.

馬蘇米：

　　如果從情動力來看，政治是一種藝術，它發出干擾訊號、觸發啟動，使身體調適，同時以不同方式啟動身體的能量。情動力政治是誘導性的，身體可以被誘導或被調適來迎合某些趨勢、未來方向及潛能，可以被誘導進入相同的情動力環境中，即使在相同的環境中不同的身體不一定會採取同樣的行動。一個好例子是警報，威脅或危險的標誌。即使你下一刻就明白這是假警報，在做出這個結論之前，你實際上是處於一個威脅的環境中。聽到警報的其他人，很可能反應不同，但，處於相同的情動力環境中，會一起做出不同的反應。每個聽到警報的人，無論如何會因相同的威脅事件做調適。相同事件召喚出來的多樣化整體反應，就定義了政治上的不同結果。事件無法完全事先預測，要看它如何發生。要讓反應有一致性，就必須有其它因素積極事先引導趨勢。一致性政治如果圍繞著威脅的訊號，例如布希政府時期主導的政治，就必須在多重層次下功夫，讓不同的身體律動調適，才能保證相對的成功。再一次說：會有某些次要的線索不被強調，因此不會變得明顯也不會完全發揮，但是每個人都會以一種消極感受的方式體會這些線索，就像是政治潛能的儲備。這是一種當下的集體潛能，不只是一種可能性，而是情境結構中的機動部分，只是尚未完全發展，還沒有完整的能力來展開行

動。也就是說，每一個情境的集體緊繃的核心中，即使是墨守成規最完美的情境，都有許多另類政治的潛能。回到這個儲備區，裡面充滿真實但尚未表達的潛能，你可以重新啟動它。這就是微觀政治：一種微觀政治。歐巴馬重新啟動恐懼的線索，把它導向希望，可以理解成他以微觀政治的層次為目標，有趣的是，卻是透過宏大媒體達標的。

即使在控制最嚴密的情境中，還是有尚未開展的、集體感受到的能量盈餘，一旦重新啟動的話，可以重整情境。德勒茲和瓜達里喜歡說，如今沒有所謂的意識形態，過去也從來沒有。意思是說，從來沒有一個情境是完全由意識形態結構、或編碼所事先設定好的。任何說法，如果只關注這個層次，就是無可救藥的不完整。沒有任何情境只是把意識形態的灌輸轉化為行動，總是有事件發生，而事件總是包括還未完全展開的層次，因此多多少少總是開放性的，總是動態、會重新組合的。意識形態的預定如果要有效力，必須打叉進入進行中的事件，才能產生作用；必須重新發揮作用，有效地讓自己成為事件的要素。這種效力是一種成就，一種重振旗鼓的勝利，但這個目標也可能失敗。微觀政治，也就是情動力政治，目標是或多或少打開情境的開放性，期待啟動一種另類的成就。調節情境，將未曾萌發的潛能擴張至可以感知到，就是一種另類的成就。

麥金：

　　有關記憶的問題？情動力質量的改變，或情動力調性的改變，會留在記憶中，被帶到另一個不同的脈絡嗎？是可以被傳輸的嗎？

馬蘇米：

　　記憶有不同的種類。有一種記憶，直接牽涉到任何的感知，潛伏在學來的或天生的傾向中，是身體所攜帶的。這一種過去，不是任何主觀意識所呈現的，只在啟動時呈現。這是過去的上演，積極地介入當下。不是在腦子裡發生的，而是發生在中介的位置、重新浮出的連動及情境之中。它既是像行動，更像一種思想。

　　說這種記憶像是思想，是就它的某種普遍性而言。一種趨勢或傾向混合了、或濃縮了許多過去的時刻，來為下一刻做準備。習慣或技能是靠重複來學習的，但一旦學到了，就不再重複。於是我們有能力重新調度一連串的行動，包括即時做出種種瞬間反應來應付情境的特定狀況。這是一種適應性的潛能，配合情境而發揮。這種潛能是過去的遺留，萌發於當下，目的是為了未來做準備。這就是懷特海所說的「最近的過去」（immediate past），因為這種潛能與迫近的現在重疊。本質上，這種潛能是無意識的，在你意識到它是你的記憶之前，它已經掌握了你。在

可能思考之前，這種潛能已經把你猛推向發展中的趨勢。
這種潛能有可能不發生作用，也許在事件即將來臨的紛擾
中殘留下來，或許成為內在的騷動。這時這種潛能就是
伯格森所說的一種「萌芽的」（nascent）或「醞釀中的」
（incipient）行動。

　　另一方面，這種潛能極可能直接將你推向行動。無
論哪一種情況，在最早醞釀的剎那，在事件發動的時刻，
就是過去與現在來臨的絕對重疊。這不是主體面對著世界
的思考或存在，而是面臨過去所醞釀的動態當下，世界正
在重組自己。在那無邊無際的醞釀片刻，有一個朝向未來
的趨勢啟動了。可以感受到未來就在場，是一種情動力的
在場，彷彿是一個引力的核心，因為每一個趨勢都傾向某
種特定的結果，被自己的目標所吸引。最終的標的，就是
詹姆士所說的「終點」（terminus），是統御一個發展方向
的極限點。再說一遍，這就像是一種思考，如果你可以如
此想像思考：實際上不在之物的一種有效在場。所謂實際
不在之物的有效在場，並非說它有意識地被投射到未來、
成為一種可能性，而是讓已經充斥著過去的當下，從自己
當中抽離出來，從自己的事件中抽離。這種潛能是時間的
一種力量，對事件的發生從內在產生作用。這是事件形成
的時刻，一種真實的、創造性的因素。我稱之為力量，因
為它具有一種效能、一種形塑的能量。這種對未來形塑性

的參與，我喜歡定義為「類因果的」（quasi-causal），因為它更像混沌理論（chaos theory）的吸引子（attractor），而比較不像實質的有效因果。懷特海指出，當過去啟動一個事件的來臨之時，會讓當下活力充沛，而未來也總是活潑靈動的。

　　這一切發生在微感知打岔之際，是騷動、微震動，或事件湧動、懸而未決的時刻。這就發生在微感知的層次，這個時刻，借用德勒茲的話來說，比能感知到的最低程度還要短暫，在意識層面無法察覺。我們察覺到的是事件即將萌發之時，所展開的各個時刻的交叉滲透。我們察覺到過去的蔓延進入了情境之後，就已經超越情境，面向事件已發生的未來。我們所經驗的是一種事件能量的都卜勒效應（Doppler effect），因為這個都卜勒效應，我們體會到此時此刻，也就是說，我們體會到一種綿延（duration），感覺到時間是有展延型的。這種綿延讓我們體會到橫跨時間的不同層次，就像一個思考過程，也正像事件的展開。這種綿延給人的印象，帶著一種情動力的調性，主要是一種時間展延的質量性經驗。如此具有質量性的時間經驗，就是詹姆士所說的「錯覺的現在」（specious present）。[7]這是一種錯覺，因為它的源頭是時間的分歧，

7　詹姆士在〈時間的感受〉一文中，討論「錯覺的現在」概念，見 William James, "the perception of time," *The Journal of Speculative Philosophy*, vol.

整體時間的一個突然打岔，一個震動和懸疑。這些微震動
不會停止，它們紛湧而至，其間歇比最小能感知到的還
小。它們的全部隨時分切成無限的區隔，就因為情動力調
性（affective tonality）包裹著它們的組合，持續穿越或圍
繞著它們，使我們覺得時間是有展延性的，而不是內爆成
無數增生的碎片。經驗的質量感使得時刻有意義，讓時刻
延續，讓它綿延。讓當下不朽的是情動力，這也吻合懷特
海所說的：情動力不是時間本身，而是製造了時間，讓當
下存在，打造了當下這一刻。我們能實際上體驗時間的萌
發，就是由於情動力創造了時間，情動力是生活時間的構
成因素。

　　這種記憶，屬於當前的過去，其功用是啟動生活體
驗中的事件。有意識的記憶，則大為不同。有意識的記憶
是回顧性的，從現在的觀點來重啟過去。而積極的記憶
則走相反的方向，從過去的觀點來啟動現在。還有一種

20, no. 4 (October, 1886), pp. 374-407。這個概念是美國心理學家 Edmund
R. Clay 1882 年討論時間經驗時提出的，見 E. R. Clay, *The Alternative: A
Study in Psychology* (London: Macmillan & Co, pp. 1882), pp. 167-168。詹
姆士進一步說明這個概念：我們經驗中的現在，事實上是過去與未來的
接續。我們能感知到的現在具有綿延性（duration），過去的結束與未來
的開始就在這種綿延中重疊。因此，我們所感知到的現在，不是當下稍
縱即逝、無法捕捉的真正片刻，而是綿延，充斥著過去的記憶，同時不
斷累積記憶，向未來前進。詹姆士此文後收入《心理學原理》第 15 章，
見 *The Principles of Psychology* (New York: Henry Holt and Company, 1890).

記憶，一種齊克果式的記憶。丹麥哲學家齊克果（Søren Kierkegaard, 1813-1855）討論我們如何「記得未來，但是回憶過去」（remember forwards, but recall backwards）。回憶過去是一種有意識的回憶，記得未來則是感覺到吸引子：最終的標的或終點。吸引子彰顯自己為極限點（limit point），濃縮於過去和現在重啟的趨勢之極限點。吸引子是未來性的，但它像是記憶，因為它的未來性來自於濃縮了過去。吸引子吸引了濃縮的過去，通過現在的融合爐，朝向它自己──也就是朝向未發的事件。我認為，終點的概念可以連結懷特海所說的「永恆的目標」（an eternal object）。但即使真有所謂的永恆目標，這個說法還是用詞不當，因為它不是目標，而是潛能。而所謂永恆，也不是因為它在時間上經久不衰，而是因為它積極進入了每一個時刻的組合基因。

因此，至少有三種記憶：（1）當下的無意識記憶：過去濃縮後，活躍地叉入當下時刻（就是我所說的「此時此地」，與「錯覺的現在」做區隔，後者包攬統一了無數的記憶碎片，讓現在具有綿延的連續感）；（2）過去的記憶：從生活綿延的錯覺產生的現在角度，也就是意識經驗到的現在角度，對過去的事後回顧；（3）對未來感受到的記憶：趨勢的類因果力量在發生作用，反覆主導的是趨勢所趨目標所具有的未來性。這三種記憶可以同時運作，而

且在我們清醒的生活中通常如此；這幾種記憶是互補的。

你剛才問，註記在情動力調性的質量性改變，究竟是否會傳輸到另一個脈絡，非嚴格來說，答案必然是不會。情動力是進入到事件組合基因的一個創造性成分，即使是非常特殊的成分。情動力不是從一個事件傳輸到另一個事件的內容。像事件的所有成分，情動力會週而復始、重啟、再生，但每次都是全新的。情動力的邏輯，與事件的週而復始及殊異性邏輯息息相關。情動力是一種事件邏輯，而非傳輸或溝通的邏輯。

麥金：

這些不同種類的記憶，我有興趣多談一點，部分是因為您在採訪開始不久時提到，情動力過渡到另一種能量體時，會帶著記憶。這種記憶有被重啟的潛能，可能在另一個情境中改變身體的經驗。您提到，這些震動發生在微感知的層次，而且我們會體驗到並儲存著一種事後的意識綿延，而這種綿延體驗，實際上跟原先微感知的震動體驗大不相同。這種情動力質量變化所帶來的記憶，能這樣描述嗎：對微感知的震動變為敏感？因此，我們會開始變得更注意到這些情動力的震動，而這些微震動顯然持續影響我們，對我們有長期的衝擊？這是潛能發展的一部分嗎？

馬蘇米：

是的，這的確是潛能發展的一部分。這是獲得新傾向的方法，這些新傾向如果融入我們日常生活中，就是習慣。當習慣重複時，我們會感覺到有習慣在起作用，即使這些習慣在起作用時，我們並未注意到。這種第二層的感知很容易消失，因為我們雖然按著習慣行動，但不會去特別注意習慣。習慣的無意識作用，是自我重複性的，這種反覆的過程會變得像滑稽的自我模仿。一個習慣會安於自己的習性，也就是說，到後來不會再注意，觸發它的情境到底有什麼新奇和不同。如果演變至此，習慣會傾向於讓迫近的事件符合過去的事件。習慣於是失去了適應的能力、翻新自己的能力，變成一種單純的反射作用。

但也可能有相反的結果發生。習慣可以變成一個創造性的力量，來造就新的趨勢，因為習慣提供了實施的能力，在這個提供過程中，有些東西變化了，加入身體的能量儲存中。要調動習慣讓它重新發展，如你所說的，身體必須對即將到來的事件變得敏感，必須在啟動事件的形塑力量產生效果之前，就感覺到這股力量的存在。很反常的是，這是一種預防的力量。這種預防力量可創造更豐富的生活，我稱之為本體能量（ontopower）。我認為這是反常的，因為我相信它就像當代戰爭機器所調動的能量。在情動力、洞察力方面最具見識的軍事理論，將習慣的重

新調動稱為「非感知層面的調動」（non-recognition based priming）以及「未來的採樣」（sampling of the future）。這是戰爭機器挪用了微感知概念的成分，值得深究。[8]

　　談到這個層次，我們必須很謹慎。如果說，「我染上了這個習慣以後，習慣就掌控我了」，或者說，「我們可以為了未來，重新調動習慣」，那麼就是斷定，在事件成形的過程之前，有一個主體──我們或我──和這個以習慣為主的過程是分開的。但並非「我」感染了習慣，而是習慣匯集形成了「我」。這樣說是將「我」看成是重新啟動活力的連動性中樞，但其實是「我的」身體攜帶著這個可能性。「我的」先於「我」。萊布尼茲主張，存有是所有格的，不是第一人稱。「我的」早於我；習性先於認同。德勒茲進一步說，週而復始的差異，永遠戰勝認同。

麥金：

　　那麼說來，微震動的控制不是我們所追求的。

馬蘇米：

　　微震動的控制根本不是我們追求的，我認為不是。「我們」怎能掌控形塑我們的東西？在我們察覺之前，它

8　Cf. Brian Massumi, *Ontopower: War, Powers, and the State of Perception* (Durham, NC: Duke University Press, 2015).

時時刻刻形塑我們。但這並非說，面對本體能量，我們是
無能的。相反地，我們的生命因它而充滿活力，我們活在
本體能量中，我們生活的能量就是體現它。

麥金：

　　從批判理論以來，有一種普遍的非難，認為情動力
政治注定就是法西斯的。您如何回應？

馬蘇米：

　　我同意有這種可能，但我不認為情動力政治一定就
是法西斯。對情動力的不信任，似乎來自於把情動力看成
是一種原始的刺激—反應系統。相反地，我把情動力和
「啟動力」連結起來。後者沒有刺激—反應的直線性因果
結構，相對的，有一種調節的性質，和非直線性的干擾及
共振息息相關。刺激—反應是一種極限情況，是習慣變成
反射作用的狀態，失去了它的適應、變化能力，失去了未
來性的力量，已經一點也不再感受到世界的驚奇。這是一
種彈性疲乏的習慣，它的效用，最多只是一種重複能力所
能有的效用。在固定的因果連動中，它已經失去了出人意
表的能力。情動力政治就是法西斯的批判，似乎意指，非
意識過程即是缺乏思考。我認為德勒茲和瓜達里說的對：
無意識過程即是思考的誕生。這是思考的萌芽，由於時間

力量的推動，進入即將來臨的事件中表達生存的能量。

　　從批判理論的角度來看，我的罪過是雙重的，因為提倡情動力政治就是提倡美學政治，而美學政治也常被視為等同於法西斯。情動力政治和美學政治的連動，對我而言就是懷特海所說的「對比」（contrast）概念。同一個情境中，不同的發展趨勢綁在一起，就是對比。所謂對比，就是同一時刻所匯集的不同終點選項，即使這些不同終點的發展是相互排斥的。它們的相互排斥形成一種創造性的張力，這是不同終點的對比，它們干擾、共振，並調節未來。錯覺的現在，就是與發展合一的片刻，是事件發展時，張力解決的感受，解決了又週而復始。如果思考是實際上不在場事物的有效在場，那麼終點就是思考的一個成分，眾多終點的同在就是思考張力的強化。錯覺的現在感受到這種思考的張力正過渡為行動；通常這種張力本身，會因成為行動的效應而失色。懷特海以對比的張力來定義美學。美學的行為把這種對比的張力，從行動的工具性或功能性目標之陰影中釋放出來。它將行動潛能的對比張力釋放到這種錯覺的現在之中，孑然獨立，除了本身沒有其他任何價值。美學的行為展延了每次行動浮出時的創造性對比張力特性，拉長了打岔的懸念、干擾及共振的騷動，形成綿延，使得這種張力越過感知的臨界點，成為意識能感知到的潛能。這可以避免終點淪為自動向前的傳輸目

標，避免成為有如對刺激的反射性反應。結局充滿懸念，在運作中的各終點，始終保持為虛擬性的目標，它們的彼此排斥仍然激勵著情境，促成情境導向可能的結局。但這種張力不必了結、讓感受和思考浮上意識層面。美學政治是懸而未決的，是確切行動尚未完成的虛擬，是此一時刻的思考／感受（thinking/feeling）。

麥金：

我可以領會「對比張力」概念的重要性，有助於理解創造性和發明。但究竟從那個角度說它是政治性的？

馬蘇米：

聽起來不像政治性的，至少就它通常的意義來說。但它的確是政治性的，因為這是即將來臨事件的虛擬，而我們先前說過，事件總是有潛力，讓眾多的身體因事件的發生而適應不同的情動力調節。美學政治凸顯了共享事件的集體性，組成了差異、多元的身體潛能，為可能來臨的事件而蓄勢待發。差異性是這個過程中內建的。情動力政治，如理解成美學政治，就是異議性的，因為它同時包容了各種截然不同的選項，不去立即命令哪一個選項最終會開花結果，其他哪些選項會無功消散。情動力政治開創了生存所需、能思考／感受到的不同能量，也就是不同的生

活潛能，不同的生命樣態，而不立即要求在其中挑一個選項。因此，此處的政治問題並非如何找到答案、如何限定一個解決方式，而是如何在下一步保持這種懸而未決的張力。唯一的出路就是依賴實際的差異性。不同的發展路線會在它們之間，把對比帶入事件。於是，此處的政治問題是比利時科學哲學家史丹傑斯（Isabelle Stengers, b. 1949）所說的「實踐生態」（ecology of practices）。要如何管理這種差異性的擴散？這種種路線，如何不至於互相衝突、甚至毀滅彼此？它們如何共同生存？「解方」不是以一個選項來解決矛盾，而是把所有路線調節為一種共生（symbiosis）。各種能量交互感染，充分活出它們在事件匯聚的張力，也就是它們對事件的歸屬感。

麥金：

這種差異性的共享，是有趣的概念。通常我們談集體性政治時，是從共同性著眼，例如共同的語言。

馬蘇米：

我不認為還有共同語言的可能性，如果說曾經有共同語言的話。即使過去曾有過，我不會再要它。我不認為只有我這樣想。共同語言本身就是罕見的，必須要強制才行，必須要有一種外來高壓的力量。這有別於授予自主

權，那是本體能量的增長。我不會要共同語言，因為對我而言，那會是一種麻藥，會消解張力。它讓反應標準化，會摧毀情動力。它會將政治帶回到反射作用的路上，毫無創造性。共識總是壓力的結果，是壓力的習慣化，即使是壓力軟化後的形式。如果有「共同語言」不是以消解張力來建立共識的，我不能想像。

世界太複雜了，無法以共同語言作為標竿。各個民族的分裂形成許多次級分區，這些分區又形成越來越多的民族國家，資本移動的破壞效應，毫無限制的資本流動造成或強迫人群、貨品、概念和資訊持續跨越邊界——凡此種種創造了超複雜的流動和變異情況，沒有任何有效的監管制度。沒有任何的制高點能讓你包容一切，沒有任何共同的觀點可以找到一個共同的語言、打造一個共識、或共享一個理性思維。如今的狀況，在結構上就是分歧不一的。與其回頭再去炒共同語言、目的、或理性的失敗課題，似乎倒不如以分歧的複雜性作為政治的起點。消減歧異性、淪入彈性疲乏的習性，怎能讓人接受為出發點？這等於是一開始就失敗了。以複雜性為起點，廣義來說，就是符合「生態」的意義。我認為，情動力張力及變異生命潛能的美學，就是實踐共生生態的基本要素，這是史丹傑斯所呼籲的，也是瓜達里更早提出的。從這種共生的觀點看來，反資本主義政治的首務，就是肯定資本主義本身所

釋放的生命形式的多樣化潛能。資本主義延續了已進行中的生命形式多樣化，但是以不同的方法來治理它：不同終點目標的組織，以及擁抱不同的價值。

麥金：

我們已經展開了微觀政治的討論，也許這正好是時機，讓我們討論另一個面向：微觀政治和情動力政治實現的方法。一個例子是您與曼寧在蒙特羅組織的感官實驗室，組織了許多創造性的美學政治活動。請您談談這方面？

馬蘇米：

雖然微觀政治的「微」並不等同於小，雖然在微觀政治層次所產生的效果可能廣泛散布，最佳的起點就是你日常居住和工作的在地脈絡。宏觀政治立場的操作，基於一個幻覺：你可以站在一個中立、較高的制高點，置身事外來判斷，而維持自己的純粹、正確及不受污染。這種方式實踐的批判，有雙重任務：一方面是反對，我認為是難免過於單純化的反對，一方面是張起保護傘。從外部來判斷，是把自己隱藏在一個不敗之地。就微觀政治而言，批判必須來自內部，在最危險激烈的情境，也就是說你要跳下去親自參與。沒有置身事外的空間，也沒有任何狀況是

能完全掌控的。唯有認可情境的共謀及牽制的盤根錯節，你才能從組織層面成功調節約束，因為約束是在組織層面不斷萌發、層出不窮的。這就是「內在批判」（immanent critique），是積極、參與性的批判。對我而言，微觀政治行動牽涉到這種內在批判，積極地改變事件萌發的情境。參與事件的流變，而非判斷事件的對錯。

　　艾琳和我都是教授，因此我們著手的日常情境是大學，更精確的說，是學術機構，包括出版、工作坊、會議的廣泛場所。艾琳也是藝術家，所以我們在藝術機構和學術機構之間運作。兩種機構都要求產出和創作「可交待成果」（deliverable）的產品──可估算價值的產品。這種從企業挪用來的語彙，使用得越來越多。例如馬上能在畫廊展出的藝術品，或能在標準化（同行審查的）專業集刊發表的論文，強調的是傳播能符合標準包裝的內容。在這種環境下，過程本身越來越變成一種產品，例如藝術家發展的創作平台被視為研究的成果，為「文化工業」而發展產品。智慧財產提供了新的創意。這種趨勢在加拿大及其他地方都形成巨大壓力，藝術已經變成一種「研究」（加拿大稱之為「研究／創作」；research-creation），像所有學術活動一樣，必須通過產品性能的考核。我們想在藝術及學術機構中，將創作和合作的過程從這種趨勢中解放出來，同時還繼續在這個環境中生存，看看我們能走多遠。

無論是好是壞，這種環境畢竟培育了我們——不能否認我們既參與其中也依賴它——而且，總體而言，這種環境不會一夕改變。

我們所作所為的動力，很多來自於和史丹傑斯的深度討論。她認為一個成功的知識性活動，必須是一個事件——因為這個事件，有事發生了，沒有這個事件就沒有這個事。根據傳聲頭像（Talking Heads）的一首老歌，天堂是沒有新鮮事發生的地方。[9]果真如此的話，學術會議就肯定是學術天堂。你最近在學術會議中發表真正的新穎想法，是什麼時候？你上次在學術討論或論戰中目睹一個成見的**翻轉**，是什麼時候？在藝術方面，相等的天堂就是藝術家的談話和標準化的畫廊展覽。史丹傑斯也強調，問題不在「自由」——就僅僅解除限制的意義而言。沒有限制的地方，就是最為無事發生的地方，因為那就無論怎樣都可以。無論怎樣都可以的話，就沒有東西可以更上層樓，已經是頂級的天堂了。你可以迴避學術會議，但結果是午夜宿舍房間裡可能享受的漫無邊際討論，又有什麼用？沒有約束，就沒有風險。

我們的出發點是「激發潛能的限制」（enabling

---

9 傳聲頭像是 1975 年在紐約市組建的搖滾樂團，1991 年解散。〈天堂〉（Heaven）是傳聲頭像 1984 年釋出的一首鄉村歌曲，其中的副歌（refrain）膾炙人口："Heaven is a place where nothing ever happens."

constraints）——設計好一系列的限制來打造特定的情境，在設計好的活動中，激發創造性的互動。但究竟結果會如何或應該如何，並沒有先入為主的概念。不必交代成果，一切都是過程。我們開始實踐我們心目中的事件規劃，規劃另類形式的藝術／學術活動。我們的目標較少關於課題、內容或可定義的結果，主要是看究竟事件是否會發生？看能做些什麼，以便開拓一個探討和創造的新園地，給予參與者新的活力，同時讓他們所賴以生存的工作機構更適合生存、更富有張力。

艾琳開創了感官實驗室之後，我才加入為合作夥伴。觀察我們的工作場所和兩者的連動，也就是藝術和學術機構，我們認為兩者都能提供對方一點東西——也就是共生的種子。學術界能帶給藝術界的，是文字表達的精確慎密傾向，藝術界能提供的，則是一個與此互補的傾向：在目標、制度、或互動之間，注入一種超越精確語言的張力，至少是注入一種象徵性和影射性的語言用法。我們想結合這兩種傾向：帶入概念與精確的語言表達，同時強化觀察與經驗。

我們設立了一個以社區為基礎的電子藝術機構，「藝術與科技社」，設立在蒙特羅大學各校區，混合了蒙特羅市內不同的語言社區，讓學者、校園藝術家、社區獨立藝術家能一起參與。我們想方設法開創活動來結合各種人

群，不是重新打造，甚至不是共通背景，而是創作的偏好。我們的角度是什麼最能打動他們，打動他們的作品，什麼讓他們的作品成功。我麼首先規定，禁止任何人帶完成的作品過來。我們想要他們帶來的，是作品成功的原因——從內部驅動創作的傾向、技術、迷戀、吸引、嗜好。我們設置的情境，有些人會認為是藝術品展覽，有些人會認為是學術會議。但兩者都不是，沒有人會展示任何成果。這是沒有人熟悉的情境，我們了解可能會讓人不安或膽怯。我們必須製造某種疏離感，但這不是重點，只是激發潛能的一個步驟。我們希望大家帶來的作品，還是在醞釀設想的層次上，然而大家習慣的是帶來已經完成的作品。要發揮活動的創造力，我們必須解除某些期待，製造懸念。就像是一種震動，但不是一般意義的震動，而是剛剛好讓人猶豫停頓一下，然後就從固定預期的情境中切換出來。我們費心思考——所謂我們，指的是一群熱心參與計畫的學生和其他人——究竟哪一類空間設計最好；人群一旦進入空間，如何調節他們的期待；如何溫和、誘人地打破期待。於是我們從友善性的角度來思考，這變成我們的標竿。我們要如何打造約束又能給人能量，好讓情境感覺是友善的，而非一種考驗和展示／講述。我們設法找到具體而微的方法來達到效果，預防傳統活動帶來的障礙。例如，進入會場那一刻的重要性：人群進入一個活動時就

嵌入了各種互動可能。一旦進入，團體互動就是下一步挑
戰。例如全體大會。你會希望有全體的互動，否則整個活
動感覺是鬆散的，到離場時不會有人覺得有任何事發生
過。但全體大會是絕頂乏味的，大家精神不集中。只有少
數人支配會場，其他人覺得沒力說話。討論過於空泛，用
同樣的語彙表達不同的意義，沒有人真正和別人說的話產
生連結。真的是絕頂乏味。但是，假如有小組討論，要如
何形成個別小組，個別小組要做什麼，才不致於變成迷你
版的全體大會？其次，假如一個小組中真的發生了任何事
件——小組是最可能發生事件的場合——你要如何把這個
事件傳遞給其他的小組，或傳達給整個會議？這些是我們
提出的各種問題。

　　針對如何形成小組的問題，我們設法找到情動力的
機制。例如，我們組織的第一次活動，我們準備了許多片
毛茸茸的柔軟布料，布滿美麗的顏色和圖案。為了將參與
者分組，我們只請他們選擇最能吸引他們的布料，然後用
布料來作為他們活動的空間；他們可以坐在布料上、圍繞
著它、或用布料把自己包裹起來，隨心所欲。於是，在彼
此交談或第一步工作尚未開始時，各成員就已經進入一個
具有親和力的世界，感覺是一個臨時的家庭。我們用布料
就完成分組了。針對如何從小組到整體的互動問題，我們
設計了激發潛能的限制，這是每個小組都必須共享的。但

共享的是他們的過程，作報告是禁止的。你不能從局外的觀點描述發生了什麼，必須找到一個方式再度展演這個過程，必須是適合全體理解的方式。你不能報告或翻譯，必須轉換到另一個型態。這些轉換的創作或即興，變成活動的一個重要部分，彷彿活動的內容變成了它的形式，或形式變成內容。沒有事會發生，除非大家同心協力讓它發生，因此成果屬於每一個人。每個人都積極涉入活動的打造，沒有人交代成果，我們也沒有。若非參與者的積極涉入，根本沒有事會發生。既然沒有提供任何東西，也不會擁有任何東西，除非每個小組協力讓事件發生。我們追求的是瓜達里所說的「群組主體」（subject-group）。[10]就像所有這類群組活動一樣，究竟發生了什麼並非立即一目了

10 德勒茲指出，1955 年到 1970 年間，瓜達里在 *Psychanalyse et transversalité*（心理分析與橫向跨域）發表了一系列文章，主要處理三個問題：（1）哪一種分析形式可以把政治帶入心理分析的理論及實踐？（2）是否有方法將心理分析帶入革命戰鬥組織？（3）如何設計特殊的心理治療團體，不但對政治組織，也對心理治療、心理分析的結構產生影響？瓜達里的名言：「我們都是群組性的」（we are all *groupuscules*），清楚標誌他在尋找一種新主體觀，不侷限於自我（ego）或超自我（super-ego），而是同時跨越了好幾個群組，可分割、多元、相連通、又可互相抵銷的群組。Cf. Giles Deleuze, "Three Group Problems," *Anti-Oedipus*, vol. 2, no. 3 (1977), pp. 99-109; Brian Massumi, "Deleuze and Guattari's Theories of the Group Subject: Through a Reading of Corneille's *Le Cide*," in *Deleuze and Guattari: Critical Assessments of Leading Philosophers*, edited by Gary Genosko, vol. 2 (London: Routledge, 2001), pp. 813-26; Gary Genosko, *Felix Guattari: An Aberrant Introduction* (New York: Continuum, 2002).

然,因為除了過程之外,沒有任何能評價的產品。當場清楚的只是,整個經驗張力十足,而且是集體的。現場活動過後,事件開始展開了:活動中所播下的合作種子,開花結果了。如今時隔三年,有些合作還在進行中。合作過程所播下的種子,在其他土壤中發芽。這就讓我們來到第二個標竿:過程的散播,這點我們還在努力中。

用軟布料分組和轉換型態的機制,是我們所說的「連動技術」(techniques of relation)的小例子。每次活動的挑戰,是找到激發潛能的限制和連動技術,將每次活動量身打造為一個獨特的聚會。要達到這個效果,必須知道什麼會打動這些參與者,因此事前的連動技術,必須為現場活動準備好。而事後的合作發展對連動網絡特別關鍵,因為活動中發生的真正結果,是連動網絡的建立。

對我們而言,最重要的是這種經驗要用語言整理出來。我們兩人都是作家,都認為我們的所作所為是哲學工作,因此我們總是設法在現場創造真實有效的哲學氛圍。但並非以它為首要的紀律標準來衡量其他的實踐。我們把它看成是一種共生。凡是並非主要依賴語言的實踐,我們都視為具有積極的概念力量,可以帶向明確的語言表達。一旦成為語言,就可以循環回到它們原本的實踐根源,鞭策實踐更進一步。我們對哲學的理解基於德勒茲和瓜達里的定義,把哲學看成是概念的創造,其具體任務除了思

考，就是提升行動、感覺及感知。因此，我們認為哲學本身就是一種創造性的實踐，具有自己的素材和活動模式，也就是語言。還有一個挑戰：必須發明其他連動技術，促成各種創造活動和各自的素材性的彼此互惠。我們對事件設計的思考和實驗主要攸關這一點，不僅我們特定的活動如此，還包括感官實驗室的日常運作——實驗室無論在地或在外地的運作，都透過社群網絡連結。

有關我們稱為連動技術的許多想法，過去早就有人實踐，例如社會運動，尤其是1960年代以來的，還有藝術運動。我們認為，全世界的人再度感覺到這種需求，紛紛在各自的大本營、以不同的方式採取行動。有時是有意識地連結其他的運動，例如反全球化運動。有時在自己機構的小範圍，目的是讓機構更適宜個人生存、更可長可久。有許多想法和實驗在進行中，許多技術已經開創了，還有更多在開創中。我們認為自己連結了其他更廣泛的運動，打造了另一個平台來從事類似的事件。我們不覺得這是我們自己發明的，也完全不覺得這個概念屬於我們，我們只是延續了一個中斷的傳統。這是一連串起起伏伏的實踐和趨勢，但最後似乎總是重生，因為需求永遠存在，為慣性傾向、反射作用的生活形式注入新活力，而且是集體的共同努力。參與性的藝術／哲學／政治事件的規劃，越來越密集透過聯網擴展，我們期待串聯起這方面種種不同的策

略。

麥金：

你們這種策略，我覺得有一點很有趣：既關注組織事件時必須的創造性限制，也關注不同事件如何彼此共鳴和擴大彼此。這似乎把我們帶回到剛才討論的問題：情動力政治如何能有全球性的能見度，或如何擴大傳播單一事件？

馬蘇米：

的確，一個微觀政治事件，可以有廣闊的影響。界定微觀政治的特質，是它發生的方式，而非它的影響範圍。所謂微觀，意思是回歸到經驗萌生的時刻；於事件開端之時，在事件的內在結構中調節騷動。重點是在過程中，重新與你生命活力的來源作連結，重新與你生活經驗中的情境萌生作連結。我們希望找到一個機制，讓這種重新連結向前傳遞。並非強制推行，甚至不會暗示它是一個普遍性的範本，而是讓它成為一個禮物，一個讓自我展開重生過程的禮物。事件影響力的擴大，過程種子的散布，可以形成禮物經濟（gift economy），使經驗再生；而這正是大規模宏觀政治的問題。這個過程本身，必須是具有自我價值的。它本身必須有價值，因為整體而言，世界現況

毫無希望，無論歐巴馬如何一廂情願。世界現況太令人絕望，毫無希望存在的任何理性依據。如果你理性觀察事情，如果你看到世界上貧富不均越來越嚴重，如果你看到環境破壞日益擴大，如果你看見經濟基礎迫在眉睫的災難，如果你看到能源危機和食物危機影響全球，尤其是，如果你看見這些問題的互相連動，如果你看見國族主義和戰爭文化復活的致命力，這個世界完全沒有希望。因此，微觀政治的重點是，在絕望狀況的限度之內，如何生活得更富有張力，活得更充實，具有與日俱增的生存能量；同時，儘管問題重重，找到方法來延續生活，一點一滴地瓦解宏觀的問題。

任何微觀事件都有某種不完整性，就像我剛才談論的感官實驗室。參與者感覺到幾乎成形的事，都沒有真正發生。你能窺見的潛能，沒有實現。目標不是去克服這種不完整性，而是讓它更明顯，明顯到打動你去重新嘗試一遍，用不同的方式，帶出另一套潛能，有些更為清晰成形，其他曾經清楚表達的就退為後盾。這就創造了一個小小的、可靈活運作的潛能環境。目標是生活在這個可靈活運作的潛能環境中，如果做到了，你就能避免在絕望中麻痺。既非希望，也非絕望，而是務實的潛能。你必須在每一個層次上活出潛能，包括你和同伴、甚至和你的愛車的連動。如果你是教授，你上課的方式。如果你是藝術家，

你創作和展現作品的方式。如果你參與的是比我說的這些更為準時作息的活動，那麼這個潛能環境就提供了一個源源不絕的後盾，讓事件內容滲入後，持續向外傳播。這是特定事件與日常的共生，創造性的融合。

這並非說，更為宏觀、由上而下的運作是錯的，或不應該發生；而是說，如此做時，萬一排除了微觀政治的活動，即使是為了生存不得不這樣做，都令人十分不安。有時唯一的可能就是從權力核心強加有效的約束，例如，轉換到永續發展的能源未來，全球財富的重新分配，或者把非增長模式強加在資本主義系統上，這種種都會讓我很高興。但這一類的高層解決方案只是政治衡量的一部分，我們所討論的情動力政治不會特意處理這些問題。微觀政治不是規劃出來的，不會建構及強加全球性的解決方案。但如果認為微觀政治和宏觀活動截然無關，就太天真了。凡增強生存能量的，都創造了條件讓微觀政治欣欣向榮。如果缺乏食物和健康保險，沒有人能充滿活力。微觀政治的介入，需要宏觀政治的解決方案。但，如果少了旺盛的微觀政治配套，宏觀政治層次的成功最多只是片面的，因為沒有微觀政治就會走向標準化的趨勢。由於宏觀政治的解決方法，就定義而言是可以普遍應用的，因此理當消滅生命形式的豐沛多樣性。宏觀政治的干預，鎖定最有限的生存條件；微觀政治的配套，則是醞釀超量的條件讓活力

萌發。這種創造性，是新的解決方案開始具體化的所在。在微觀政治層次產生的潛能，向上輸送，爬上宏觀政治下降的坡道。微觀政治與宏觀政治結合了，缺一不可。在過程中，兩者互補、彼此滋養。最上者，是互相矯正。宏觀方案即使刻意限制微觀政治活動，結果卻常是滋養了微觀政治，讓後者不可或缺，以便打造解決問題的新方法。創造性的變化，是政治上唯一真正的不變法門。德勒茲和瓜達里經常表達這個立場，例如他們的口號：國家奠基於它所忽略的因素上。

　　最近這種說法已經是老生常談：由我們現在的情境，可以想像世界末日，但難以想像資本主義的末日。要「解決」這個問題，不可能靠由上而下規劃性的步驟——有鑒於在上位者的習性。資本主義的瓦解是一種矯正，唯一矯正它的方法是打破微觀政治及宏觀政治的互動模式，如同我剛才所說的。就目前微觀／宏觀政治的互動模式來看，不應以為兩者的對稱性不會打破、分歧不會發生。兩者的互補如果打破，可能走向兩條路。當宏觀結構微型化，劫持了微觀政治的地盤，強制性通用原則由上到下微型推動，就是法西斯。當微觀政治興盛而奇峰突起，也就是達到撼動宏觀制度的程度，那就是革命。微觀政治的最終任務是：打造難以想像的事件。對稱性的突破，非常事件發生的轉捩點，只是一個打岔，比史上能察覺的最小瞬

間還要小。也就是說，質量變了。一個色彩的變化，你從來意想不到的，在最意外的時刻發生了。當然，下一回合的微觀／宏觀平衡會快速形成，但它以什麼形式出現，無法預期，只是如今突然間可行、可想像了。微觀政治把難以想像的變成實際的，正是潛能的實現。

第三章

意識形態與脫逃
（Ideology and Escape）

游布萊・阿里阿爾：[1]

　　為何您認為，要了解今天資本主義的權力運作，比起意識形態與階級等概念，情動力概念更為重要？我們是否生活在一個「後意識形態」社會，或「意識形態之後的社會」？今天意識形態的命運如何？

馬蘇米：

　　如果要談後意識形態社會，就是明確斷定，過去的社會是由意識形態有效建構的。這就把討論集中在一個否定性的主張上：一個斷裂發生了。要支持這個主張，就必須把我們認為已經擺脫的東西當成起點，以至於整個討論的框架，還是限定在我們所質疑的概念中。德勒茲和瓜達里從來不談意識形態之後的社會，他們的主張更為激進：

1　阿里阿爾 2012 年採訪。

「沒有意識形態，從來就沒有過」。[2]這並非他們爭辯得到
的結論，而是起點。這句挑釁意指，整個問題必須從頭到
尾重塑。所有糾合成意識形態概念的種種線索，必須解
開，這些線索之間的關係，必須問題化。在過程中，形成
這個結構的前提必須重新檢討。

　大體而言，意識形態概念形成的基本前提是：社會
為一個結構體，由權力機制來護衛、複製這個結構體。這
個結構體是一個井井有條的整體，由功能彰顯、定位明確
的種種分子組織而成。各個分子之間的關係凝聚，由各分
子所組成的整體結構來主宰，各分子也服膺整體結構的共
同利益。整個布局的凝聚協調，靠某種理性形式，可由以
一整套相互連貫的主張來表達。簡而言之，反映在一套理
念結構中。意識形態概念的課題是，如何解決從中而生的
一個棘手問題：整個結構體的「共同利益」，與許多從屬
組成分子的特殊利益，永遠無法契合；然而很可能與社會

2　德勒茲與瓜達里在《千高台》中談論文學吸納百川的多元組合特性
（assemblage），提出此名言："La Littérature est un agencement, elle n'a
rien à voir avec de l'idéologie, il n'y a pas et il n'y a jamais eu de l'idéologie"
(Literature is an assemblage. It has nothing to do with ideology. There is no
ideology and never has been). 見 Gilles Deleuze and Félix Guattari, *Mille
Plateaux: Capitalisme et schizophrénie 2* (Paris: Les Éditions de Minuit,
1980), p. 10. 英文版見 Brian Massumi, *A Thousand Plateaus: Capitalism and
Schizophrenia* (Minneapolis: The University of Minnesota Press, 1987), pp.
3-4.

的某一類分子，或者是占據關鍵地位的一個小群體，不謀而合。所謂「共同利益」，其實總是「統治者的利益」。假如整個社會結構是理性的體現，可用一整套連貫性的理念結構來表達，那麼，從屬的分子——姑且稱之為階級——為何要乖乖接受他們的地位？為何他們看不出來這套理性結構如何連貫、對他們而言意味著什麼？為何他們會看不懂？為何他們不能看穿這個「共同」利益的幻象、不能看懂它的真相——只是統治階級利益的粉飾說法而已？

意識形態的分析，此處就該由情動力理論進場了。理念結構的灌輸不是直截了當的。統治階級的合理化說詞必須廣為人知，但要故弄玄虛、粉飾太平、扭曲現實。想達到這個目的，就必須透過另一種媒介：由情動力的銘刻來轉換。必須誘導被統治階級，讓他們誤認一個幻象：自己的利益就是「共同利益」，而且要誤解得熱情洋溢。他們必須上當受騙，熱情地參與欺壓他們的權力機制，而完全不察其間的矛盾。他們必須變成工具，好讓自己心甘情願地接受統治。最有效的做法是，把配合社會權力結構的情感和行為模式滲透入日常生活的慣性結構中，不受檢驗地持續作用。意識形態最佳的操作，是將理念結構滲透於生活中——在日常演練，不假思索（例如布迪厄的「慣

習」概念）。[3]

　意識形態理念並不僅僅輕視情動力，相反地，它以一種獨特的方式調動情動力。情動力基本上被看成是妄想、迷惑、錯覺，但這種錯覺是有用的。它提供了一個開口，邀請理性說詞進入身心，深植骨肉。情動力是「單純」情感的地盤，曝露個人容易受龐大的社會力量操控。權力透過情感掌控個人，操弄個人受騙，心甘情願地接受權力指派給自己的角色。

　社會作為結構，只是牽涉到的前提之一，還連帶一連串更多的條件。有一種假設：情動，或感情，是個人的；還有，情動力是理性的相反，情動力是非理性的。進一步的假設是，假如個人不因感情用事而被意識形態誤導，就有可能克服自己的非理性，才能開始依據自己的利益而行動。這囊括了非常傳統的假設，也可說是徹頭徹尾布爾喬亞的假設：個人利益是主要的動力，依據個人利益的行動就是理性的行動。正由於背後隱藏這種假設，對統治者的批判就必須關注如何打造「新人」（或任何其他

3　法國社會學家、人類學家及哲學家 Pierre Bourdieu（1930-2002）在《區分：判斷力的社會批判》（*La distinction: critique sociale du jugement*, 1979）等書中，提出慣習（habitus）概念。所謂 habitus，意指根植於共同社會背景及共同機會的習慣、技能、喜好、品味等，包括共同的社會階層、宗教、國籍、種族、教育及職業等。這種慣習成為直覺，不假思索，深入日常，塑造我們的身心及社會行為模式。

對等的用語）。這是一個集體計畫，要把共同利益變成現實。個人的感情和行為模式必須重組，以配合新的理性，消弭個人利益和集體利益的差距。情感結構必須吻合社會的新理性秩序。情動力必須重塑，以便有意識地配合反映這種新秩序的理念結構。個人必須熱情擁抱集體結構，活化在日常中。

但是，如何能成功消解這種意識形態，而不去灌輸一種反意識形態？如何可能培養一種反意識形態，而不去應用新的權力機制？直接應用那些權力機制的人，如何可能不變成新的權力階級（批判意識前鋒變成操控黨派機器的階級），擁抱自身的特殊利益？這些特殊利益，如何可能不訴諸於情動力，以維繫如今重新萌發的「共同利益」幻象？簡言之，如何翻轉統治者的意識形態，而不去強加一種新的意識形態，結果又招致大致相同的結構，操作與舊意識形態大致相同的前提，根本是另一種不折不扣的統治結構？

為了這些實際的理由，也是為了哲學的理由，德勒茲與瓜達里大聲呼籲：「沒有意識形態，從來就沒有過」。就哲學而言，是重塑問題意識，以便致力回答下列課題：

（1）把社會看成一個結構，真的說得通嗎？把社會看成一個「過程」，是否更有用？過程是動態的，開放性的，由本身進行中的流變所形成。基本上，過程缺乏結構

的固定性，任何穩定的結構都在持續萌發之中，而且是自我即興的，以至於流變比複製更關鍵。問題倒過來了，不再是：有鑒於社會結構必然會複製意識形態，翻轉如何可能？問題變成是：在流變中，如何能使某些常態現象，總是以新的形式重新萌發？過程是引導出來的，但，過程是一個不斷演變的開放性整體。過程不會自我一致，但也不能淪落為一個理念結構、或體現理念結構的功能。過程，毋寧是一個運作上的交互連動；不是功能性的，而是運作性的。不是被建構的，而是在萌發中自我形成。德勒茲與瓜達里必須排除意識形態批判的舊包袱，才能將資本主義社會理解為一個動態的過程，永遠持續自我形成。

（2）從這個角度來看，意識形態批判所認定的決定性基礎，其實是結果：是過程的一個產品，是過程的衍生物。過程凝結成反覆萌發的常態現象，意識形態批判會將這些常態現象具體化為組成分子，理解為社會架構的基石，例如階級。但一個動態的過程並非由成分所組成，而是由運作所組成，這些運作是直接相互連動的。所謂直接相互連動，意思是，這些連動的條件，並非在產生連動之前就存在，然後再進入連動，而是因連動而萌發，繼而衍生。這與馬克思哲學的精神是相通的，他的思想核心正是資本主義的連動性。工人和資本家並非單純地進入這個連動性，而是因連動性而形成。他們的組成，是某些衍生效

果所設計累積成的常態現象——亦即，不平等的效果，包括機會的不平等，分配的不平等。累積凝聚到一定程度，便決定資本主義連動性的回歸，越來越頑強，越來越規律，越來越推向前沿。不是社會資本主義結構複製自己，而是資本主義的連動性自我複製，總是擴充範圍。這個過程累積的不平等，在常態性的某些歷史規範內操作，就是「階級」，這改變了「工人」和「資本家」類別的地位。馬克思不僅指出：資本家認同社會的資本主義結構，工人也熱情投入其中。他更指出：資本家象徵資本主義連動性的生產力，以及生產力更廣泛、更強大的運用；資本主義的連動性不斷擴散及增強它的運作之時，工人則象徵它持續運用生產力的潛能，更象徵它的運作達到極限（疲勞、破壞、抵抗的極限）。換言之，工人及資本家是資本的象徵，是資本結構的張力及趨勢的指標。他們是資本過程的產品，這個過程象徵了資本運作連動的動態性。這些過程的象徵，可以再次進入過程，產出第二階的效應（過程的自我參照效應）。

　　連動先於一切。就本體論而言，是人際的連動；就政治上而言，是機構間的連動。由於資本主義的連動，是擴散在開放、複雜、多變、根本無法預測的事件頻生場域中，這種連動衍生的效應不可能完全穩定。制度化永遠只是暫時的，穩定性永遠只是一種「元穩定」

（metastability），一種暫時的穩定。我們所認定的階級差異（反映了不平等分配的效應），不斷地在資本主義的過程中產生——重點是「不斷地」。資本主義過程在充滿隨機挑戰的開放運作場域中斡旋，是一個不斷重新改造自己的過程。階級的意義，階級所象徵的差異，在資本主義的每個階段到下個階段，都會從根本上改變；和前一個參照系比較起來，甚至會改變階級的本性。這種階段性的轉變目前正在發生，恰好是瑞士思想家馬拉齊（Christian Marazzi）等分析的資本金融化（financialization of capital）。[4]金融資本主義的極端複雜、不穩定、及純粹運作——其運作如此抽象，以至於幾乎所有邏輯都無法理解——在2007到2008年的危機中充分顯露，令人驚奇。資本的金融化從根本上使預測的情況複雜化。如何讓衍生性的金融商品「個人化」？信用違約保險（a credit default swap）？

呼籲脫離意識形態，是為了呼籲關注這個新奇的情況，找到方法來概念化目前資本主義過程的運作模式、及其所衍生的新效應，以便能掌握其新奇性和複雜性。探討連動性的方法，如何能讓我們對資本主義的自我擴散過程有新的理解？這種連動性有什麼新的象徵？這種象徵還

---

4 Christian Marazzi, *The Violence of Financial Capitalism* (New York: Semiotext[e], 2010).

是個人化的問題嗎？如果是，身分認同是否還是資本象徵的基礎？假如資本主義的運作變得如此複雜，其工具變得如此抽象，以至違抗邏輯——但仍極度有效——它是否仍然是理性的？如果不是理性的，我們如何繼續談論意識形態，既然意識形態的建構假定了一個規律性或原理（logos），一個理念的基礎？凡此種種，對抵抗力量而言，有何影響？

　　（3）德勒茲和瓜達里呼籲對意識形態質疑，意味著，如果要了解資本主義過程，情動力概念比起理性概念更為關鍵。情動力優先，是連動性優先的必然結果。但，此處情動力概念如果要有用，就必須重新構想。在根本上，情動力不應被理解為個人的，而是集體的（與連動性相稱）。而且，不能簡化為情感，與思考相對。情動力必須被理解為思考所牽涉的情感，及情感所牽涉的思考。這就必須重新考慮理性的整體概念，包括自我利益。在過程取向的框架中，情動力的思考／感受總是直接牽涉到操作性，根本上較多攸關事件，較少攸關個人，是直接具有建制力的。這種建制性的思考／感受是什麼？對我們如何思考資本主義的權力模式、如何思考抵抗力量，能造成什麼不同的影響？

阿里阿爾：

那麼，這種情動力新概念，究竟是什麼？如果它是一種思考模式，如何改變我們的理性及思考概念——我假定，理性、思考不是對等的？這種情動力，又如何能夠抵抗統治權力及其掌控？

馬蘇米：

情動力概念最有用的，我認為是斯賓諾莎著名的定義。他說的很簡單：情動力就是「感應的能力」。看來簡單，其實不然。首先，這個定義直指連動性，因為它把情動力置於連動的空間中：介於一感一應的空間中。這個定義關注的是機遇的當口，中介區發生的事。更有甚者，它反對被動與主動的區別。這個定義認為感受是一種能力。例如，一擊的力道，是來犯之力與抵抗力的合流，所以也是抵抗的能量。這種抵抗力，是身體的動態模式，與來犯之力同樣是一種行動（身體為維護它結構的完整，奮力去吸收、移轉、閃躲來犯之力，甚至有如功夫一樣，借來犯之力使力，回擊出手之人）。因相互連動作用，攻擊的一拳，不僅衝擊目標，也會因遭遇的抵抗力而受衝擊；出拳幾乎可和受拳一樣疼痛。但是，共享的疼痛與角色分配吻合。角色的分配，連帶了行動的模式與強弱程度。結果可能讓一方在下一場機遇時，獲得一些優勢。當事雙方相對

的立場，可能會變化而導致長期的效果。假如這種長期效果穩定造成雙方的不平等，繼而制約了此後的機遇，那麼一個萌芽中的權力機制結構就產生了。

一擊的重點在於它所造成的效果。它的效果，使機遇中的差異動能獲得緊張刺激的解決。斯賓諾莎的定義，將情動力的關鍵置於機遇之上。機遇變化多端，它如何構成，端賴事件。機遇的雙方不能只視為被動或主動；情動事件不能假定一方被動、另一方主動，而是涉及雙方的行動模式及強弱力道，如何緊張刺激地獲得解決，達到構成的效果。這契合傅柯對權力的定義：權力是不同能量的複雜組合，包括出擊力與抵抗力，兩者務必同時較勁，累積能量的效果。這將權力結構與相應的角色置於效果的層次上，亦即最終的結局；權力不再能視為由意識形態基礎所預先確定。因此，為抵抗力而調動情動力理論時，第一步就是要理解，任何機遇都有立即的抵抗力，抵抗力不只是被動的，而是一種能動力的展現；這樣的機遇才是決定性的。無論開始或最後的時刻，意識形態都非決定性。權力結構是情動力機遇的次要結果，意識形態則是權力結構的次要展現。意識形態屬於效力層次，而且是次要效力的次要，根本上絕非肇因的層次，當然更不是充分理由。

這種型態的情動力，複雜多變，隨機重組。還有第二層定義，根據斯賓諾莎，情動力的一感一應能量，是過

渡時的能量。而且，這種過渡是可以感受到的：當越過臨界點，過渡到一個較高或較低的生存能量，可說是情動力準備好迎接下一次的機遇。準備到了就緒的程度時，抵抗力就不安於既定權力結構所安排的不平等角色。如同你的問題所指出，正因為情動力涉及可感的過渡，我們才能逃脫理性的規範，同時又保留思考。在熱烈機遇之際，我們全然沈浸在感應能量變化多端的運作中，無法奢望保持距離，來觀察、考慮事件。沈浸於機遇時的感受直接而立即，我們身體的每一根纖維都會理解，風險是什麼，趨勢可能如何發展。過渡中的機遇所感受到的，不是原始的感覺，而是對當下發生的事、可能的未來、以及我們將如何改變，充滿了直接的理解。這是一種充滿行動力的理解：這種理解與行動合一，也就是我所說的思考／感受。這種思考／感受，類似普爾斯的「直覺判斷」。他認為這是邏輯思維最原始的類型，是歸納法及演繹法的根基，後兩者是我們比較熟悉的邏輯類型。

顯然，情動力這種思考／感受，並非特定客體或特定主體的思考或感受。這種思考／感受更直接攸關事件，介於客體和主體之間，而非客體或主體本身。必須強調思考／感受的「先主體性」，也就是說，由於這種思考／感受與事件發展如此密不可分，因此只能在記憶及事後反省中，發現自己曾有這種思考／感受、或承認它，彷彿這是

一種個人化的經驗。但更重要的是必須了解，所謂「先主體性」其實意指「跨個體性」（transindividual）。情動力思考／感受的跨個體性，有兩層意義。首先，如同上述，它直接瀰漫於相關個體之間，不能簡化為屬於任一單獨的個體。其次，它與相關個體的轉化同步發生。事件本身，使相關個體都超越了自己，使個體與目前的自己幡然不同，比前一刻的自己更豐富。

　　從這個角度看，情動力是兩個個體在同一活動中共同轉化，做「差異性調適」（differential attunement）。我說的差異性調適，意指：在機遇時，兩個個體都完全沈浸在可感受的過渡中，但它們沈浸的程度不同，不對稱地逼近過渡，從不同的角度，經驗感應的不同局面，透過機遇過渡到不同的結果，也許改造為不同的角色。但這些所有的差異，都活躍、動態地共同牽連於事件之中，是事件立即的層面，是同一個事件的發展。這是兩者共同體驗的同一事件──共同，但是充滿異質性；同時，但非均衡地。事件就是差異的整合，是不同個體的情動力整合曲線，不同個體的思考／感受曲線，展開著彼此的牽連。

　　但是，為何把討論限制為兩個個體？生活的情境往往包含了許多個體，都同樣因情境中展開的事件而做差異性調適。尤其，試看媒體事件，總是牽涉到眾多的個體。我用一擊之力做例子，只是為了方便說明的極限例子，多

數才是常態。情動力概念要發揮最大的力量和最深遠的意義，必須將之視為涉及多數個體；任兩個個體的機遇都可能開啟更多個體的連動。情動力概念最適於應用在群體上。

如果兩個個體的簡單機遇，就有一種複雜的跨個體思考／感受，那麼，多個體情境的跨個體思考／感受，不是更加強烈緊張嗎？如果兩個個體出拳一擊的簡單機遇，當下造成的反擊可以調節，如同武術交鋒時，以功夫調節情動力的力道一樣，那麼等於說，事件本身就具備了調節情動力的技術。在事件發生時，透過反射作用、習慣、訓練及技術的培養，這類技術隨時可取用——成為一種自動性能，與事件一樣動態即時、直接同步，是事件的成分。這種自動性不能簡化為奴性的重複、或是缺乏自由的運作。事實上，對樂手而言，這種自動性能是即興演奏的基礎。唯有透過各種變化多端的演練去領會，讓自動自發成為「第二天性」，你才能夠有效地即興。我的意思是，情動力的調節，可以透過即興技術，思考／感受為行動，與事件併行。情動力的這種思考／感受，直接立即，可以是策略性的。由於它調節的是一個隨時調整的發展中事件，因此無法完全掌控結果，但可以轉變、調整結果。因此這種策略性不能預知一個特定結局的所有細節，也不是找尋達到特定目標的方法，而是擁抱所有的可能，深陷汲汲忙

忙中，在機遇的熾熱當口。是直接的參與，與調節中的事件毫無距離。這是在調整隨時持續發展的曲線，因此更像是偏移或曲折一個活躍中的趨勢，而非勉強預設立場或事先規定解方。但是，偏移趨勢也可能因接二連三的機遇而累積能量，進而導向新的發展。可以擴大、響應或甚至分歧──可能不至於凝聚成一個權力結構，而是不斷的重組，讓結構活生生的。這不是一種「理性」，而是一種情動性，瀰漫思考，與行動同步。

就政治性而言，這使得整個體系改變。思考／感受的情動力技術，就是即興的連動技術，直接關乎情境，人際還是其次。這種連動技術觸發於情境中，尤其深藏於機遇之時，因此直接是集體性的，基本上是參與性的。這些連動技術是事件的因素，不是意圖。我認為，有些連動技術的實踐可以調節發展中的事件；就某個程度而言，我發揮了斯賓諾莎情動力理論中的抵抗力原始能量概念，進一步認為這種能量具有潛力，可將情勢導向不同的結果。如此就避免落入意識形態的陷阱，以免反覆強化抵抗權力結構的老套。情勢是引導的，但結局是開放的。一種情境中的隨機調整，可以由或多或少的個體錯雜地共同翻轉曲折，因此參與的異質個體以各自獨特的方式適應同一事件，產生的整體結果一定是不折不扣的集體產品。這是一個集體的自我建構，一種超越自我利益的政治活動，但並

非為了任何「共同的」利益，而是為了集體發展之同一事
件的利益。

對我而言，這是直接民主的實踐基礎，活生生的民
主，本質上是參與性的，不折不扣是連動性的，實踐上是
一種即興的「事件機制」（event mechanics，借用澳洲坎
培拉大學藝術及傳播學院教授Glen Fuller的哲學部落格名
稱）。[5]這種民主的基本概念，並非個人應脫離集體性的自
由，而是預期集體性的自由，目標是集體性的流變。 這
是自由的體現：個體直接而執著地聚合思考／感受、參與
差異性調適的流變。

從「事件機制」的跨個體觀點，艾琳 · 曼寧和我透
過她的哲學實驗室──也就是「感官實驗室」──所共
同組織的活動，企圖從事連動性的即興技術實驗。運動
性的事件，例如阿拉伯之春（the Arab Spring, 2010年代
初）、[6]占領運動（Occupy, 2009-2011）、[7]西班牙之怒（the

---

5 見 http://eventmechanics.net.au
6 2010 年代初，阿拉伯世界的反政府抗議及武裝行動，從突尼西亞開始，
  擴散到利比亞、埃及、葉門、敘利亞、巴林王國，推翻了好幾位統治
  者。其它如摩洛哥、伊拉克、阿爾及利亞、黎巴嫩、約旦、科威特、阿
  曼、蘇丹等地，也抗議迭起。
7 2008 年的經濟大蕭條之後，2009 年開始加州大學學生占據了校園的建
  築，抗議預算消減、學費高漲及職員裁減。相關的一系列運動影響深
  遠，由左派人士主導，反對大多數資產僅分配給少數富人，以占領華爾
  街運動（Occupy Wall Street, 2011 年 9 月 17 日～11 月 15 日）為高潮。

Spanish Indignados, 2011）[8]等，還有魁北克人稱為楓葉之春（the Maple Spring, 2012）的學生運動，[9]都可視為這種民主行動的集體體現。到處都拒絕代表權，寧可個人直接參與，在某種意義上就是融入集體的情動力。到處，廣場和街道取代了黨派會議。到處，直接的個體參與占了上風，取代了意見的轉遞或是既定結局的規範。到處，決議是群眾聚合中才萌發的特性，目的是不同多元個人的共同流變，而非由任何現有政黨支持的單一領導、或領導團體下達命令。這裡，一個直接民主即興地產生了。這裡，抵抗在發展中。

阿里阿爾：

您早先提倡「過程導向架構」（process-oriented frame），讓人想起英國哲學家懷特海，雖然一般不認為他是個政治思想家。就您的回答，我是否可以說，您相信在我們思考這類問題時，懷特海的玄學可以是有用的資源？

---

8 2008-2014 年西班牙財政危機導致歐洲前所未有的失業率，引爆一系列的抗議、遊行及占領運動，社群網路大肆宣傳。

9 因魁北克內閣主張 2012 到 2018 年大幅提高學費，學生團體發動大規模抗議及罷課，到 2012 年 4 月，半數學生都參與了。左派團體出來支持，演變為反對魁北克省府的運動。Cf. *Quebec's Maple Spring*, special supplement to *Theory & Event*, ed. Darin Barney, Brian Massumi, and Carley Sochoran, vol. 15, no. 3 (September 2012). http://muse.Jhu.edu/journals/theory_and_event/toc/tae.15.3S.html

馬蘇米：

是的，的確如此。但我也理解，在談到社會政治問題時，懷特海使用的語彙會讓人遲疑。從我們的歷史觀點，尤其是從非歐洲中心主義的見解，很難容忍「進步」、「文明」之類的語彙作為政治思考的基礎。但是如果你觀察，透過這些如今已污名化的語彙懷特海究竟想表達什麼，今天他的思想還是高度切題的。當他談「文明」時，並非指涉任何形式的團體認同，而是指涉差異。基本上，他所說的文明化過程，意指能容納差異的能力。他的用意是，讓有彼此排斥傾向的個體或結構，在同一場域共生，並非無論他們有任何差異，而是將差異視為價值。這就牽涉到連動技術，要創造包容性的場域條件，使得彼此排斥的成分共創可能。不同個體在同一場域中的彼此共容，就是該場域的強化。所謂「進步」，對懷特海而言，就是達到更大的強化。這並非線性前往一個預設的結果，不是目的論的，而是開創互相包容的新場域；這種開創所具有的特性，就是事件的集體自我建構特性，如我剛才所說；具有傾向性，但沒有特定目標。

強度不「具有」價值，強度本身就是價值。事實上，是剩餘價值：生命的剩餘價值。是更豐富的生命，生命中的餘裕，等同於即興的思考／感受。以差異及生活強度感受來思考政治的方式，無疑是美學的基調。懷特海是開創

美學政治的哲學家之一，我認為他的美學政治進路和瓜達里的「倫理美學範式」[10]有相通之處，從後者我得到不少靈感。在共享的動態場域中，差異性共同彼此容納的概念，很接近我剛才所說的「差異性調適」。懷特海把差異性的彼此包容看成是基本價值，這種立場提出極為寶貴的觀點：政治的目的不必是解決差異或協調差異，而是使差異共生，彰顯差異，讓差異在變化多端的中介位置展現最大的強度。

阿里阿爾：

對德勒茲而言，一個關鍵性的政治問題是：我們往往為我們的奴役而奮鬥，固執到彷彿是為自己的解放而戰。如何能從這種情境中解脫出來？情動力政治抵抗的操演性質，是否能防止我們支持一個時時壓迫我們的社會制度，這個制度實際上扼殺了我們的利益、使我們的生命匱乏？對「情動力」的信仰，是否能確保我們內在的自由，遠離這種掌控性的權力結構？

---

10 Cf. Félix Guattari, *Chaosmosis: An Ethico-Aesthetic Paradigm*, translated by Paul Bains and Julian Pefanis (Bloomington: Indiana University Press, 1995).

馬蘇米：

　　情動力對我而言，不是信仰的問題。任何這類詮釋用語都讓我擔心。信仰情動力是誤謬的，就像信仰理該公正無私的理性一樣。對我而言，這個問題有兩方面。一方面，情動力是純粹實用的（pragmatic）；另一方面，就某種程度它是美學的。就實用而言，這個問題涉及生存的權力——行動、思考與感受的權力。以情動力方法來面對事件的策略，是否能提升我們的生存能量？是否能幫助我們採取不同的行動、更積極地思考、更深入地感受？如果答案是肯定的——我認為是——那麼這類策略就是強化了生存，創造了我剛才所說的生命餘裕價值。生命的餘裕價值就是經驗的餘裕價值：主動積極的生活，立即感受到的品質差異，顯露出一種強化的能量。這是一種潛力的充沛感受，超越了任何特定的生存狀態。如果說這是一種美學價值的定義，十分恰當。情動力進路體現了認真生活的實用美學。

　　由於這個觀點，奴役的問題的確更形複雜。本質上，情動力不含任何解放或進步的面向。一直困擾德勒茲和瓜達里的，是他們所謂的「微法西斯」（microfascism），意指壓迫性的結構（例如國家）只能由上而下壓制，因為這些結構最初是從底層興起的。因情勢擴大、變成自我複製的結構習性後，這些萌生的結構於是具體成形。權力結

構是情動力趨勢的結構化，是逐漸萌發的。如同所有萌生的趨勢，這些結構的基礎是情動力──就是我說的「純粹活動」（bare activity），也就是思考／感受的個體被啟動後，積極面對事件和其他個體，進行情動力調適。高壓結構不僅以純粹活動為基礎，還必須持續不斷地回歸到這種純粹活動，折返到這個基礎中，透過它再度重現。如同我前面針對「社會」的看法，高層的結構是逐漸萌發的。這些結構一面萌發，一面安頓下來，成為收編（capture）機器。所謂「安頓」，意指這些結構致力於重新萌發。在努力重新浮現之時，這些結構收編情動趨勢，也就是源自開放場域中個體的集體調適，靠這些趨勢滋養自己，讓自己靠這種滋養永存。壓迫性結構是收編情資的穩定性結構，在收編之前，權力結構藉以滋養自己的各種運動，在純粹活動的生存場域中開始萌發，和收編它們的結構屬於不同層次。它們是發端的層次，是非常不同的組織。權力結構的動力，來自於所收編的、屬於不同層次的運動。權力結構是寄生蟲，吸血鬼。權力結構乘著外來能量的風頭浪尖而萌發，以建構自我；只有潛入浪中、趕上浪潮，才能使自我永存。權力結構沒有自己的動能。

　　權力結構源自不同層次的外來能量，這個看法概括在德勒茲和瓜達里弔詭的政治套語中：「權力結構是由脫

逃的能量所定義的」。[11]權力結構總是追逐不同層次的運動，也就是具體化活動的集體場域，目的是把這些運動納入自己的渠道。所謂「理性」，不過是這種納入渠道的邏輯而已。所有理性活動都以情動力為基礎，也永遠是情動力創生的怪物——但所有用心崇高的抗議都看反了。

　　凡此種種使得奴役的問題更形複雜，因為這就意謂：沒有可擺脫理性的純粹空間。如果權力結構總是追逐異層次的運動來滋養自己，意思是它們回到萌發的場域去從事它們自己的養分操作，如此就污染了萌發的場域。它們為自己的目的翻轉了起步中的運動，這些運動中有些趨勢已經自動朝向權力要收編的方向——萌發中的發展能量走上了方便翻轉的路。這種「微法西斯」，就是尼采所說的「被動能量」（reactive forces），他在《道德系譜學》（*On the Geneology of Morals*）中分析過這個概念，放在「怨恨」（ressentiment）項下。[12]對德勒茲而言，被動能量的

11 Cf. Brian Massumi, *A User's Guide to Capitalism and Schizophrenia: Deviations from Deleuze and Guattari* (Cambridge, MA: MIT Press, 1992), p. 105: "A structure is defined by what escapes it."

12 有關此概念，請參考 Guy Elgat, *Nietzsche's Psychology of Ressentiment*（Routledge, 2019）。作者指出，「報復的怨恨欲望」（the hateful desire for revenge）雖然實際上罔顧正義，卻引發所謂的「道德正義」（moral justice）。尼采提倡「非道德的正義」（non-moral justice）價值觀，認為「道德正義」其實是正義的終結。此處馬蘇米討論的是 1930 年代的納粹主義，我們不妨思考 21 世紀在歐美還魂的新納粹主義及當代台灣所謂的「轉型正義」（transitional justice）。

功能就是「阻止其它能量的發展能力」。被動能量趨向重複（減低差異）、平穩和安定（去衝突）、分化及收編（分裂及征服）。德勒茲在研究尼采的書中，發展出一套有關主動及被動能量的看法，[13]十分有趣。我早期的書《開朝君主與末代皇帝》，探討被動能量在整個社會上傳播及操作之時，所產生的建構張力。[14]就本書的討論而言，「微法西斯」概念的重點是：原本就沒有所謂被桎梏的自由，但我們可以夢想回歸自由。高壓統治的種子早就播下了，而且早就在操作當中。情動力的動態發展不僅可以、而且必定引發高壓統治結構的興起。無論自我奴役、奴役他人或被統治結構奴役，都同樣起因於活力充沛的集體「欲望」。根據德勒茲和瓜達里的說法，1930年代的「群眾」並非因意識形態的欺騙而臣服於法西斯，他們正面地嚮往法西斯，積極地肯定法西斯。法西斯的萌發，起因於集體情動力的調適正朝向怨恨，法西斯傳播、支持、組織並回歸到這種怨恨，從中得到滋養，形成一種窮凶極惡的循環。

13 Giles Deleuze, *Nietzsche and Philosophy*, translated by Hugh Tomlinson (New York: Columbia University Press, 1983).
14 Kenneth Dean and Brian Massumi, *First and Last Emperors: The Absolute State and the Body of the Despot* (New York: Autonomedia, 1912).

阿里阿爾：

那麼，「個體有什麼能量」？[15]個體如何能夠抵抗權力？換言之，我們如何能動員個體，在資本主義權力結構的「統治技術」（techniques of dominion）之中或之外，達成傅柯所說的「自我技術」（自我實踐的自由，創造一種「生存模式」）？[16]

馬蘇米：

這個問題是雙向的。雖然沒有可回歸的原初自由，如果權力結構是由逃脫的能量所定義的，那麼，如同統治技術所收編的趨勢，抵抗力就也一樣是這個集體場域的必然成分。這就是傅柯的基本概念：權力與抵抗力是一體的兩面。和我剛才說的朝向權力收編的趨勢一樣，朝向自由行動、朝向脫離具體化權力結構的趨勢，都同樣是基本的。權力結構並非無所不包。權力結構興起於一個容納自己的萌發場域，又投入一個更廣闊的活動場域，從中吸取

---

15 德勒茲原文是 "Qu'est-ce que peut un corps?"（What can a body do?），是他的斯賓諾莎專書之一章的題目。見 Gilles Deleuze, *Spinoza et le problème de l'expression* (Paris: Les Éditions de Minuit, 1968), pp. 197-203.

16 傅柯原文為"techniques de soi" (techniques of the self)，見 *Technologies of the Self: A Seminar with Michel Foucault*, edited by Luther H. Martin, Huck Gutman, and Patrick H. Hutton (Amherst: University of Massachusetts Press, 1988).

養分。這個場域正騷動著各種趨勢，指向發展各種不同權力結構的潛能。這些趨勢也許維持發端狀態而不再擴充，也可能被權力收編，或僅因難以堅持而沉寂回歸到它們所從出的純粹活動場域，但是它們的異質性一定或多或少還會以某種方式被感受到。因此，即使沒有不受污染的自由狀態可以回歸，總是有某種程度的自由，提供其它展露頭角的潛能。總是有抗衡的趨勢，為了自我擴充，提供機會讓個體加入一起前進：總是有運作的邊緣地帶。個體能做的，就是調整場域，隨機微調行動場域，以便接受不同層次的情動力趨勢的邀請。個體的能量，在於觸發抗衡能量的擴充及具體化，拒絕現有權力結構的收編，將抗衡能量導向持續的集體脫逃運動。假如這個運動促成強化集體場域的效果，使場域中互相包容的各種能量，透過對比的調適都強化了彼此，那麼整體而言，自由的程度就提高了，生存的能量也就集體提升了。這只能從內部，在情境中與事件同步發生，發生在行動的當下。

在這種行動的當下，抵抗力是一種態度（gesture）。抵抗力是無法溝通或灌輸的，只能是一種態度。這種態度，召集個體一起調適，邀請個體共同參與一個集體運動。這種態度的唯一能量是扮演標竿，無法強迫別人接受，只能形成風潮。抵抗力的能量，在於釋出自己的擴散力的誘惑，也就是它的感染力。抵抗的態度，就是提供感

染力的微態度，導向權力結構之外的可能性——在同場域同層次發展的微法西斯態度是趨向這個權力結構的。這種種符合法國社會學家塔爾德（Gabriel Tarde, 1843-1904）的微社會學所說的「模仿」（imitation）。但是，這也證實了此處涉及一種美學層面——誘惑力和態度風格的美學層面——並非外加的層面，而是抵抗力的運作本身百分之百內含的層面，與它的政治性合一。

只有一個先驗條件：參與，投身於純粹活動中。抵抗力來自於內在，不能被領導。假如是領導的，就已經僵化成收編的工具，隨時準備起義衝鋒，彷彿是從上或從外而來。抵抗力是內在的批判：所謂「批判」，就是行動本身。批判發生在所有個體更積極思考、更深度感受的層次，而且以不同的方式共同行動。在這種抵抗中，沒有所謂的前衛，只有種子。飛舞在純粹活動的氣流中，自由行動的種子尋找一個肥沃的調適場域，等待開花結果。但這個比喻並不準確，這種場域其實不是現有的；抵抗力憑著扮演標竿角色的態度，創造了自己的場域。運用自己的感染力能量，它的態度使得場域活生生的。抵抗力是自我展演的，它觸發了自我的組織行動。它的場域總是即將到來，和擴張自我的事件同步運行。

顧名思義，內在批判不能在集體行動的場域上標榜已確立的政治正確、或必要標準。內在批判不能基於過去

的政治綱領或已結構化的道德準則，以命令式運作。它不能訴諸已確立的準則來使自己合理化，而是從內在制定自己的準則，這個準則和它的標竿性運動是合一的。就抵抗而言，無所謂「應該」。有什麼理由說我們應該嚮往自由，而不是嚮往奴役？說我們「應該」抵抗？說「應該」，只是認定我們臣服於一個更高層次的命令，是制定我們對一個抽象準則的奴役，也合理化我們強加這個準則到他人身上，彷彿從外部、從上層施加壓力。這是權力的操作，如此就散布了高壓統治的種子——也許是一個新層次的統治，但還是統治。自由，有如壓迫，是欲求來的，不然就什麼都不是。不能認為是「應該」而強迫接受。自由是不能灌輸的，必須是欲求的，不然就沒意義。抵抗是尋求集體生存能量提升的抗衡欲望，在強烈對比的場域中彼此動態包容。當然，原則上並沒有根據證明抵抗「更好」，但總是可以設法讓抵抗更具吸引力——讓抵抗更值得欲求，更具有強烈的向心力，更容易散播、更具標竿性。的確是有抵抗的技術，也就是連動的技術，目的是場域的內在調適。這種抵抗技術就是連動的態度，專注的參與，朝向提升自我的連動性運動而萌發。

　　相較於傳統馬克思主義的意識形態批判和前衛行動概念，這種看法更接近無政府主義的「行動傳播」理念。過去兩年，我們看見這種標竿政治滲入世界各地；占領運

動拒絕提倡一套特定的要求，就是一個例子。拒絕提出特定方案，並非缺點，反而是賦予能量，等於在說：重要的是個體的匯聚，以及自我即興的集體運動能量，目的是生產生命的剩餘價值；民主遠非一種追求平衡的運動——絕非在預先設定的穩定結構中事先規劃好目標。抵抗行動，是一種「直接」、連動性的民主。

　　我們的討論到現在，有一個偏差。我們先是從資本主義談起，結果談到政府心照不宣的典型：統治結構。到目前為止我所說的一切，包括微法西斯及統治結構，必須和資本主義做連結，徹底重新概念化。這是因為，資本主義不是一般觀念中的結構。它太變化多端、太容易自我組織，以至於不能說是一種結構。經常有人稱之為「系統」，但即使說系統，也可能是太穩定的概念。資本主義是一種開放性的系統，與社會共生。資本主義如此動態地自我調節，以至於最好稱之為「過程」，以便與「結構」和「系統」區隔。資本主義是自我調節、自我擴張的，是內在於生命場域的。資本主義的運作總是回歸純粹活動萌發的場域，屬於整體，因此是場域固有的。就潛能而言，資本主義的連動無所不在。無論何處的任何舉動，從天涯海角到靈魂最深處，都可能輕易讓資本主義收編。

　　資本主義內在於生命場域的說法，就是「生命權力」（biopower）常用來分析的概念，例如在義大利思想家拉

札拉托（Maurizio Lazzarato, b. 1955）的作品中。生命權
力概念所引起的特殊問題必須要設法處理，以便有效思考
資本主義這個權力形式。現階段的資本主義，身為內在於
生活場域的自我調節、自我擴張過程，總是在逃脫自我。
它不斷陷入自我危機，又總是從危機中重新萌發，成為自
己進一步的變體。在這種逃脫自我的自我更新運動中，資
本主義和抵抗力分享許多特徵。簡直是自我毀滅，資本主
義操作情動力，滋養萌發的趨勢，即興擴張力──在這樣
做時，也強化了它生存的能量。但這種作為無論何時何
地，一定都符合資本主義的連動性，也符合它預設的區
隔：作為付帳工具的金錢和作為資本的金錢（就馬克思的
術語，就是C-M-C'相對於M-C-M'）。[17]以金錢為資本，本
質上就是不平等的，而這種不平等有不斷加強的傾向。資
本主義增強生存的能量，但是它的運作本質上是不平等
的。它可能出產生命的剩餘價值，但這種剩餘價值的分配
是不平等的，因為它服務的對象總是以金錢為資本，連帶

---

17 C-M-C' 意指 Commodity (labor)-Money-Commodity，亦即工人以個人勞
　力為貨品，獲得金錢，再購買個人需要的貨品；此處強調的是貨品的利
　用價值（use values）。M-C-M' 即 Money-Commodity-Money，資本家不
　需要勞作，以金錢為資本，購買大量的貨品，誇張貨品的魅力（fetishize
　commodities），出售貨品獲取更多的金錢；此處強調的是貨品的交換價
　值（exchange values）。https://www.newappsblog.com/2017/10/c-m-c-m-c-
　m-and-marxs-understanding-of-power.html

的就是所有的不平等，還有這種不平等所帶來的一切殘酷
現象。簡言之，資本主義收編了抵抗力，邁向自己不平等
過程的目標。

資本主義的口號是「生產力」。處於生命權力的時
代，個體注定生產的，本質上是他們自己獻給經濟生產的
生命——把自己轉化成不可或缺的「人力資本」（human
capital）。生命變成資本密集操控（capital intensive）的一
環。生存能量的增強與這類人擦身而過，資本主義過程的
不平等圍繞著他們累積，而他們卻無力把自己建構成「有
競爭力」的人類資本，無力象徵資本過程中自我生產的能
量，只能讓人唉嘆他們「生產力」不足。他們被資本主義
運動拋棄了，在生命權力體系下，他們和死了沒有兩樣。
生命權力的反面是「死亡政治」（Necropolitics），是喀麥
隆政治理論家姆邊貝（Achille Mbembe, b. 1957）針對生
命權力的論爭所發展的理論。[18]

增強生存能量的過程，我稱之為「本體能量」。資本
主義已經把自己打造成一種本體能量的物種。當代抵抗力
的任務，不只是與權力對抗，而是要學習如何去和這種本
體能量對抗。抵抗力自己的主場戰爭是：本體能量與本體

18 Achille Mbembe, "Necropolitics," *Public Culture*, vol. 15, no. 1 (winter 2003),
pp. 11-40.「死亡政治」是使用社會政治力來創造一種生存條件，使多數
人只能活得生不如死。

能量之戰，在同一個戰場上，在同樣的事件中亦步亦趨，進行內在批判。除了內在批判，沒有其它選擇。資本主義的效力如今已全球化，沒有任何事物能外在於資本主義的過程。根本不可能從外部立場批判資本主義，它已經滲入我們的個體，在我們生命的形成之中，在純粹活動中，在集體場域的每一個小角落。

　　資本主義以本體能量來收編抵抗力，影響之深遠，還難以釐清，遠遠超過我們這次訪談有限的範圍。我最近有些著作曾設法探討資本主義可能牽涉的後果，尤其是《經濟終結時的能量》以及《本體能量》。[19]我認為新的區分是必要的，不僅是區分結構、系統和過程，而且是區分生命權力和本體能量（對我而言，後者在生命場域中的內在流變，其實超越前者——這點和拉札拉托的想法不同）；還必須釐清國家（或類國家）結構與資本主義的連結（國家是所謂理性結構的最後堡壘之一——資本主義幾乎不再主張自己的理性層面，甘於創造這個情動力「事實」：自己是不可或缺的）。

　　無論如何，這是一個在進行中的計畫。我們還在發展之中——一如往常——只有在我們持續參與集體實驗

---

19 Brian Massumi, *The Power at the End of the Economy* (Durham, ND: Duke University Press, 2014); *Ontopower: War, Powers, and the State of Perception* (Durham, ND: Duke University Press, 2015).

時，一切才會逐漸開始釐清。在我們寫作和思考的概念層
面，在場域中的實驗層面，在集體運動時所發出的邀請思
考／感受的姿態，在街頭巷尾，在塑造我們日常活動的機
構中。有如抵抗力的場域，一切會變得更明朗，與標竿性
的事件同步，等著被創發……如果信仰情動力是錯誤的，
「信仰世界不會錯」，如同德勒茲常說的。這是我們擁有
的一切：參與的信心，世界總是隨時提供某種程度的自
由，隨時可擴散。

第四章

災難場域的情動力調適
（Affective attunement in the field of catastrophe）
與艾琳‧曼寧共同受訪

博蒂爾‧湯姆森：[1]

　　布萊恩，我們在讀您在《衛報》上發表的文章，討論福島核電廠災難、情動力政治及媒體。[2]過去談到災難，都以為是例外，但今天眼見災難無所不在。您的文章重點是，新媒體的情動力與全球化及風險社會的關係，例如福島災難，在全球各地引起迴響，跨越了所有疆界。尤其是，今天人為災難與自然災難之間的界線已經模糊了，幾乎無法談這種界線。而我們的行動力及我們影響彼此的方式，已經深深受到自然／人為災難的情動力氛圍的衝擊，以至於我們幾乎已經喪失了談界線的能力。文章中這句話吸引了我們的注意力：「一個變化的生態政治，必定也是變化的情動力政治」。

---

2 Brian Massumi, "The Half-life of Disaster," *The Guardian*, 15 April 2011.
https://www.theguardian.com/commentisfree/2011/apr/15/half-life-of-disaster

馬蘇米：

這個觀點，我的確沒有在文章中說明。

湯姆森：

所以我們想提出這個觀點，也在想，您在《虛擬的比喻》中發展出的「生物組合」（biogram）概念，[3]也許可以用來重新考慮這樣的問題：如何能實際上回應或運用這種情動力？

馬蘇米：

這麼說吧，過去我們習慣的聯繫方式，我們親身經驗的活生生人際關係，已經消失了。我不認為這些關係被失聯取代了，而是被另一種聯繫取代，跟過去的關係一樣充滿情動力。是的，無庸置疑，危機和災難不再是例外，已經變成是常態，正如同德國哲學家班雅明（Walter Benjamin, 1892-1940）的名言指出。[4]我們居住環境的各

---

3 Brian Massumi, *Parables for the Virtual: Movement, Affect, Sensation* (Durham, ND: Duke University Press, 2002), pp. 177-207.

4 在 *The Arcades Project* 中，班雅明指出："The concept of progress must be grounded in the idea of catastrophe. That things are 'status quo' is the catastrophe. It is not an ever-present possibility but what in each case is given. Thus hell is not something that awaits us, but this life here and now." Walter Benjamin, *Selected Writings: 1938-1940*, edited by Howard Eiland and Michael William Jennings (Cambridge, MA: Harvard University Press, 2003),

種盤根錯節系統繁複多變，無論社會、文化、經濟、自然層面，都感覺無比錯綜複雜，因為我們已經到達某些臨界點，例如氣候變遷及難民潮。感覺上我們處在十分不平衡的情境中，長久以來我們賴以穩定的系統，始終在即將陷入危機的邊緣，總是有一種周遭系統連帶效應的危險，就像骨牌效應。這種狀況十分不穩定，近乎混亂，從外部沒有任何制高點能看清楚。我們陷在裡面了，沈淪於災難的迫在眉睫，緊張地隨時準備面對——也就是說，災難已經變成我們生命場域的內在。這種迫在眉睫和內在性，就是一種聯繫，透過媒體操作的情動力直接接觸，即使災難發生在「遠方」。更精確的說，透過越來越全球一體的媒體生態。

　　現在若要談情動力如何作用，我認為要從這個事實談起：在急迫／內在的場域中，我們隨時準備緊急應變（all braced）。我們的個體和生命，幾乎是一種共振腔室，迴盪著媒體承載的紛擾，同時撲向我們又超越我們。這些全都發生在我們採取立場之前，在我們退後一步理性分析這個經驗之前。我們嚴陣以待，在採取一個深思熟慮的觀點來應對之前，直接被誘導捲入，投身到經驗中。因此我在《虛擬假象與事件》中談到「立即反應」（immediation）。[5]

---

vol. 4, pp. 184-185.

5　Brian Massumi, *Semblance and Event: Activist Philosophy and the Occurrent*

傳統上理解為調解（mediation）和傳播（transmission）的說法，我用事件的範式來討論。我談的是緊急應變（in-bracing），而非傳統意義上的調解。這種緊急應變主要來自於複雜的場域效果，及其浪潮般的擴散與繁衍，而非點對點的傳播。

　　從此觀點來看，問題就是：在一切立即直接的態勢中，場域到底發生了什麼？似乎不是個人單獨地採取立場，而是群體準備好彼此都從事一種「差異性調適」（differential attunement）。我們都一起置身事件中，但又彼此有差異。我們每個人本來就具有不同的傾向、習慣與行動潛能。這就是我說的差異性調適：一旦情動力事件發生時，群體立即準備好即時應變，但每一個案各自不同。「調適」意指注意力和能量直接被事件吸引，「差異性」說明我們各自從不同的角度捲入事件，也隨著各自的獨特走向脫身而出，以各自的唯一風格隨波逐流。重點是，一個事件讓我們的注意力一拍即合，牽動我們的多樣性，來面對事件帶來的情動力能量，激活整個情境。其次的重點是：在這一切發生的層次中，立即的身體反應和我們的思考能力直接盤根錯節，以至於無法從彼此分離，也無法脫離事件的激活能量。

Art (Cambridge: MA: MIT Press, 2011).

　　許多當代媒體環境評論家認為，我們目前的狀態是同質化，我不同意；許多意識形態評論家說，事情一發生就是操作個人的對立，我也不同意──即使有一些假設預先就大張旗鼓地注入場域中，有一些趨勢也已經在帶風向，這些都類似即將發生事件的一種原始組織。要注意的是，事件絕非因太平而發生，關鍵是要護衛不穩定性，還要注意這個事實：混亂中出現的不可預測秩序，可以使任何原始組織失靈、偏離或重組。因此，當我談情動力時，我談的是直接連帶地融入急迫／內在的場域中，必須從其中浮現決定性的行動和思考。這些行動和思考必須高調地從活絡的複雜場域中脫穎而出。

　　問題是：究竟是什麼因素造成行動／思考的浮出？整體來說，是因威脅感而造成的。由於危機感，及由於對應危機感而設置的安全措施，威脅感興起。但安全措施的前提是不穩定。安全並非不安全的相反，而是與不安全牢牢綁在一起。德國社會學家尼克拉斯・盧曼（Niklas Lumann, 1927-1998）在《信任與權力》[6]中討論得很清楚：要製造任何安全措施，必須先製造不安全，因為不安全是安全的前提。傅柯也持相同的看法。安全措施必須是事先防範的，因為我們總是陷入事件剛發生的瞬間，在複雜的

6　Niklas Luhmann, *Trust and Power* (New York: John Wiley & Sons, 1979).

緊急狀態中，還不知道什麼情況、會往哪裡去、會變成什麼。安全措施必須從半混亂中，重新設定秩序。我認為，這使得安全措施有資格作為流變的步驟，或作為我說的「本體能量」。

因此，對我而言，情動力政治就是接受這個事實：我們處身於集體差異性調適的場域中，這個場域又啟動了集體的個人化。我們總是被投回場域中，直接融入、即時應變，然後自問能運用什麼本體能量抗衡，讓自己從這種安全防護的循環中脫身。在投身其中的同時，我們能如何發揮影響力，但又讓安全防護的假定失靈或無法運作？我們能如何設定新的假設，預先組織更可長可久和更友善的趨勢？在這種高度複雜的生命生態場域中，我們能如何能注入新的趨勢？我認為，可以從「生物組合」這類概念出發。生物組合概念來自於德勒茲的「組合圖」（diagram），[7]但針對的是個體在複雜情況下，如何調適自己的方向。組合圖或生物組合圖的目的，並非預先限定什麼，而是為潛能繪製一個圖表。是攸關生命複雜的沈浸式場域的出入技術，是創造性的導向或重新導向，而非事先預定方向。於

7　Gilles Deleuze, *Foucault*, translated and edited by Seán Hand (Minneapolis: University of Minnesota Press, 1988), pp. 72-73. 德勒茲指出，傅柯的組合圖「呈現的是，在特定組合中各種能量的相互關係；顯現感受力與回應力的分布；混合了未結構化的純粹功能，及未結構化的純粹物質……〔組合圖〕是某種特性的傳播或分布」。

是問題就變成：如何延長差異性調適，而非脫身了卻進入你個人的走向？如何能收編緊急應變的整體強度，以便維持相互關係、協商、同心協力地認真行動——關鍵是，並不抹除在調適中的差異性？

曼寧：

而且，你不認為這些共振場域（fields of resonance），本身就在創造生物的組合？因此，並非我們把生物組合帶到場域中，而是事件本身就在生物組合性的場域中繁衍？對我而言，問題似乎是雙重的收編，如同史丹傑斯所下的定義。[8]因此，有些生物組合的趨勢會自己成為更豐富共振的導體，有些在路途中會失落，或會比較低調地行動？

馬蘇米：

正是如此。一個生物組合本身雖原本就存在，但也同時在建構中。兩者的並存並不矛盾，而是一個過程。生物組合是情境造成的，因其本身潛能而流變，是過渡中過程的現場勘測——一種按照過程而變動的機制。

8　見第 2 章史丹傑斯所說的「實踐生態」。

湯姆森：

在《虛擬假象與事件》中，您用德勒茲的「時間—意象」（time-image）來舉例。我們看不到時間—意象，它並非明顯可見的，但卻是真實的，跟組合圖或生物組合的思考可說是一致的。想要經驗時間—意象，必須開放面對未來和過去，因為過去會導向未來。做法是把虛擬影像插入過去和未來的夾縫中。

馬蘇米：

在某種意義上，你看到了這些虛擬影像，即使它們並非真的呈現在你的感官前。

曼寧：

這的確是時間、速度快慢的差異性質，但也是打破線性觀念。布萊恩，你對情動力政治的解說，是一種未來完成式動詞的先發制人無限循環，是未來將會發生的——但即使用未來完成式也不太能說明其繁衍能量。

馬蘇米：

的確，就時間而言，情動力政治是非線性的。我在《虛擬假象與事件》中提到德勒茲的「時間—意象」，但是我書中探討的，並非完全一樣的問題。我用「虛擬假

象」這個詞彙來發展一個概念：事件中有些方面並非真的在現場，但卻是事件構成必須有的因素。

試看一個簡單的例子：運動的路線。把線條看成一連串點的組合，沒有意義，因為這樣做運動就變得抽象空泛了。如同伯格森指出，這樣得到的只是一連串點的組合，而點是固定靜態的。運動不是一串點，而是從剛才進入現在的發展，就如現在正轉向未來一樣，某種程度上都從本質上改變了情境。運動軌跡的形成，過去和未來都是必要的因素，但並非真正的存在，而是一連串的已發生與未發生。因此在運動中的事物，都不斷動態性地超越自己，遠超越實際的狀態。每一個連續的時刻，事物都不只是目前的狀態而已，我們直覺上有這種理解，直接地感受到，不必思考。試想一個政治情境，還有我所說的那種集體差異性調適，有許多軌跡可能同時作用，例如突然發生的一個災難，真相及影響所及尚無法得知。事件的突然衝擊，形成了具有潛能的連動場域。想像一下這是一個務實的場域，同時充滿了不同大小、方向的各種向量潛能軌跡，即刻就可以感受到，直覺地理解到，強烈地具體化，吸引了每一個人的注意力，激發我們去行動——但還沒有真正實現，潛力遠遠超過目前的狀態。這種感受到的潛能，就是**轉捩點**，是即將發生的第一波反應，因此可以視為事件發展的預設。這種潛能就是務實的預設。

　　因此，要從政治性來思考這個問題，就要從務實預設（pragmatic suppositions）的角度著手，這種預設是感受到而尚未思考好的，但事後回想時，你會把這種預設分離出來，彷彿它們是判斷、思考、或推論的結果。但是這種預設潛能的啟動發生得如此快速，以至於不可能先做這類判斷。這完全是立即感受的層次，即使尚未真正實現。你在感受它時，不是透過感官，而是思考／感受到即將發生的事，包括「可能」發生的事。要點是，我們思考／感受到的可能發生之事，包括其他人可能做的事：每個人根據自己的傾向，做出互相關聯但具差異性的回應。在災難情境中，如果集體衝向安全，可能堵塞一個發展路線。要不然，就是有人自動伸出援手，做出典範，效果就是這種行動自然而然的宣傳。在事件剛開始衝擊之時，有許多這種趨勢和奠定狀況的行動匯聚起來，創造並發展出一個複雜的不同方向、大小的向量場域，直接就是集體的──是跨個體的。

　　在危機和災難隨機待發的氛圍下，這就是我們今天的經驗，我們的生活，我們每時每刻的思考／感受。因此，生物組合的一個重要問題是：既然我們共同度過種種事件，潛能的務實場域如何為每個人具體化，差異性調適如何跨越個別的差異而發生。其次的問題是：是否有方法微調這種務實預設，具體化一個場域，以便創造更多隨時

可選擇的另類趨勢、創造更豐富的援助種類？那就會是生物組合的調節。這是否能長久改變集體情境？這類微調是否能收集、存檔、在未來重啟？是否能找到技術使這類調節更具創造性？這些是感官實驗室想解決的問題，我們強調這個概念：有些創造性的技術，可以調節連動場域。以生物組合的說法來理解這類場域，是有幫助的。

喬納斯・福理齊：

我想談談這種特別的連動場域。感覺上這種場域似乎某種程度上，既是過度結構化——有如陷入一種網絡中——同時又過度開放，因為似乎總是有不同的解決方案。我認為要理解這種動態性，最好的方法是將調適和某些概念區別開來，例如您剛才談到的「傳播」。今天的情動力論述，充滿了傳播情動力的說法。所謂情動力的傳播或感染，和「調適」的概念之間，究竟有什麼不同？

曼寧：

你是特別針對政治領域而言？

福理齊：

我是在思考，連動場域的動態性，以及在情動力層次操作所涉及的意義。因為某種程度上有一種決定性，同

時又有潛能的開放性。

曼寧：

　　我自己的研究中，我思考最多的問題是，我們必須
發展情動力的趨勢，其他有關人的任何問題則其次。所謂
「情動力轉向」的研究，[9]關注的都是人：人一直是情動力
的承載者及導體。我個人的研究以及和布萊恩合作的研
究，還有我們共同組織的事件，我感興趣的是探討我所說
的「新〔物〕種的形成」（speciations），[10]這是情動力生
態所創造的。這些生態新種是以〔馬蘇米的〕生物組合、
或〔德勒茲的〕組合圖所形成的，意思是它們是浮現中趨
勢的微調，要融入經驗的共同萌生場域中。這些生態新種
既不是人，也不是非人，更像是共振器，啟動於有機物和
無機物之間。我把新種形成──例如我們現在的談話，撐
著手肘圍桌而坐──看成是一種湧現的個體化正在成形，
一個精彩的起點，或一個轉折點，可以連結到更寬闊的經
驗場域──夏天，房子，我們現在進行的後感官實驗室事

9　自 1960 年代以來，情動力研究不只是對人文學科，對資訊學、管理學、
　　醫護學等，都有重大影響。所謂「情動力轉向」（the affective turn）的
　　說法，興起於 2007 年。見 Patricia Ticineto Clough and Jean Halley, *The
　　Affective Turn: Theorizing the Social* (Durham and London: Duke University
　　Press, 2007).
10　英文字 speciation 是生物學概念，原意是物種形成，乃演化的過程。

件的討論。現在這一刻註記的獨特「新種的形成」，啟動了更寬闊的連動場域，朝向某些趨勢發展。

這方面我一直在思考的一個問題是，新種的形成如何匯聚起來？不是透過認同的基礎（「這個」動物，或「這個」人），而是透過湧現中共同構成生態的速度快慢。這種思考方式，也許能讓我們理解，共振場域，或西蒙頓所說的「共聯環境」（associated milieus），[11]並非透過認同結構（人，我）而浮現，而是透過生態，生態和「生物」一樣都是韻律，也就是時間的不同音階和強度。這也可能讓我們超越認同政治（這個概念還是存在於情動力政治中），進一步探討連動性第三潛能的內在共生——也就是我在別處所說的間歇性能量（interval）。當間歇性能量變成事件整體能量的積極成分，我們就進入了激進經驗主義（radical empiricism），沒有任何預感，究竟這種互相連動會是什麼內涵。我認為，這就是感官實驗室的活動想做的事，目的是探討合作的新形式。我們在詢問：這種第三

---

11 西蒙頓 1958 年的著作《從形式和資訊的啟發論個體化》用「共聯環境」的概念，討論生物特有的個體化。這個概念強調，環境不是已經固定的，而是個體形成之時，對個體的補充。個體化不僅塑造個體，也塑造個體與環境的連動。唯一的指導原則是，個體生命（being）的存活，乃透過跟環境互動的流變（the sole principle we can be guided is that of the conservation of being through becoming）。參考 Gibert Simondon, *Individuation in the Light of Form and Information*, translated by Taylor Adkins (Minneapolis: University of Minnesota Press, 2020), p. 4.

潛能有什麼能量？它如何變化成形？它共同創造些什麼？
它屬於哪一種生態？

　　我這樣說，是因為知道所有新種的形成，最終的確
某種程度上會成為物種或類別。重點不是沒有認同──沒
有人，沒有動物，沒有植物──而是物種並非整個過程的
起點或終點。我們的倡議並非否定物種或認同，而是要體
認：新變種的形成或集體個體化的能量都發生在縫隙空
間，此處各種生態還在積極變化中。就我而言，我會說這
種進路打開了一種可能性：一種編舞式的思考機會；就我
的定義，這並非強制編排一套舞譜，而是創造一些工具，
凸顯新變種形成的動態組合──一種剛萌發的組合實踐。

馬蘇米：

　　的確，我們身處情動力之中；情動力並非在我們內
部，並不是人的生命主體內涵。它是在連動場域中感受
到的一種質量，永遠「更豐富」，就像艾琳在她著作中強
調的：總是比一更豐富──這是她一本書的書名[12]──而
且總是超越人類。回到技術的問題。技術必須是內在技
術（techniques of immanence），從比我們自己更豐富的範
圍內湧現。除此別無它法，因為你處於不確定的狀況中，

12 Erin Manning, *Always More Than One: Individuation's Dance* (Durham, NC: Duke University Press, 2013).

不能綜觀全局，不可能掌控。場域內部的錯綜複雜，使你無法完全理解，而你正隨著場域變化。因此，方法必須是探索式的、實驗性的，從極為局部的切入點脫穎而出，一點點調節就可能在整個場域擴散或共振。但是你永遠說不準，所以必須保持調適，必須隨時隨著場域對你的影響而調適，即使同時你也在影響著場域。所以，這是一種雙重的流變；作為個體，你正因集體的場域而調節，就像場域也正因為你的態度而調節。你絕非站在外部，僅僅命令、判斷、批判、評論或描述。你參與了探索的風險，並非只是讓別人承擔風險——雖然這可能發生，因此這一切直接牽涉到倫理的問題。但更根本的是，你也承擔了風險，無論在思考、感受上你認為自己是誰，無論你會如何流變。

曼寧：

我在思考一個例子。我和自閉症患者做了很多研究，他們當中有許多人，都明確地把自己看成是一個生態場域，或者是一個新變種形成，就像我剛才所說的。出身印度的自閉症患者蒂托・慕克帕迪亞（Tito Mukhopadhyay）[13] 說明，這是一種身體能量延伸的感覺，

---

13 蒂托 13 歲時與母親前往美國，是三本書的作者。參考 Ralph James Savarese,"More Than a Thing to Ignore: An Interview with Tito Rajashi Mukhopadhyay," *Disability Studies Quarterley*, vol. 30, no. 1 (2010).

讓自我的感覺延伸到環境中。和許多自閉症患者一樣，自己的身體究竟起點在哪裡、終點在哪裡，他都沒有明確的感覺（他說揮動雙臂時，比較容易感覺他的身體在空間的存在）。小孩子也有這種趨勢：一種生態身體延伸的感覺，使身體和世界的界線模糊了。布萊恩告訴我，他兒子傑西小時候的故事：如果他受傷了，布萊恩問「哪裡痛」，傑西不會指著自己的身體，而是指著他跌倒的地方。我們長大時，把受傷孤立在身體上，學會區分世界和身體，其實簡化了事件的生態性。因為，受傷——膝蓋碰到地上——脫離了這個事件顯然毫無意義，而且真的不能和事件區分：這個事件是一個新變種，一個共振的生態，疼痛是它的時間標記，但是存活在身體與世界之間。強調生態而非身分認同，是慕克帕迪亞在《心智樹》[14]這本書中的主題，描寫得非常生動。書中我最喜歡的部分，是他用自己的話描寫一個自閉症孩子和醫生會面的典型場景。這個場景類似這樣：父母把一個「不能溝通的」孩子帶去給醫生看，並且說，孩子兩歲的時候開始不對。父母說，在這之前，孩子的發展相當「正常」，然後就「失去」語言能力。接著一連串的行為開始變得明顯：突然暴躁大鬧，身體極端不舒服——父母無法理解，以為孩子在耍性

---

14 Tito Rajarshi Mukhopadhyay, *The Mind Tree* (New York: Arcade, 2011).

子或鬧脾氣——迴避與別人眼神接觸，還有大多父母會感覺到孩子不再與人溝通。於是父母帶孩子去看治療師或醫生，醫生就開始給孩子測試。當自閉症孩子不和醫生眼神接觸，不遊戲等等，不認同和醫生的醫病關係，醫生就說：「你的孩子不解人意，不與人交流，實在是個沈重的負擔；抱歉，但你正面對一輩子永遠無法和孩子溝通。」蒂托描寫了這個事件的經驗，挑戰其中根深蒂固的認同政治，而強調的是另一種接觸，是深刻生態性的，非以人為中心的。他描寫進入醫生的診間，記得光線神奇地反射在鏡子上，鏡子又反射光線到牆上。他談到窗簾和光線如何互動，門又如何反射光線，這種種如何影響到他和房間的連動、以及房間和他的連動。他描寫，是的，醫生的確叫他玩桌上的玩具，但是玩具沒有光線的流動有趣，所以他寧可不玩玩具，或者他真的沒有注意醫生的要求，也沒有注意房間裡的其他人。為什麼要注意他們呢？光線的流動要有趣得多了。看診結束時，醫生告訴他的媽媽他是自閉症，蒂托不認為這是一種缺陷——他在玩的知覺遊戲有什麼缺陷呢？他認為，他生命中一切不說話的、在流動的東西也是自閉症——窗簾、風扇。多棒的玩伴！

蒂托用這個故事來說明，這裡並不缺乏溝通，不缺乏共鳴——而是一種不以人為中心的超級連動性。他強調，在醫生的診間，他簡直是房間-光線-流動如泉湧般的

新種之一，而這種新種的形成，與新浮出的連動場域簡直盤根錯節，而他就在這個場域中積極參與。這就暗示了：我們這些「神經正常的人」如此專注於人與人溝通的模式，以至於我們經常忽略了這些在浮現中的生態現象。更有甚之者，我們以為認同政治等同於善解人意，因此認為溝通只限於人與人的互動。如此，我們否定了激進實驗性的東西，無視於我們之間無數新種的形成。

馬蘇米：

這在許多方面和我的研究有關聯。艾琳剛才說的，不是劃分兩種經驗：一個正常，一個不正常，而是朝向一種生態經驗，不僅複雜多變，而且多所重疊。她剛才描述的自閉症經驗，或自閉症知覺模式，和我早先談的即時應變剛萌發的層次，有許多相通之處。膝蓋在地上受傷的例子很棒。當我問傑西哪裡痛，他指著地上時，他不僅是指著一個地方，而是指受傷這個事件。一般習慣將疼痛定位到一點，把感受跟事件分開，但這個年紀的孩子還沒學會。事件裡的一些成分，事後我們會定位為「那邊的」，還有「這裡的」。但在即時應變的萌發層次，疼痛就把這種差異連起來了。在那個當下，疼痛到底有什麼重要，也不是完全清楚。沒有孩子會忽視疼痛，因此緊接著就是疼痛的重要性，但是到底有多重要呢？是哪一種呢？為了這

種疼痛哭泣，爸媽是否會接受呢？孩子通常會看父母如何暗示，再因為疼痛而哭泣。疼痛對我們而言，變成一個產物，讓我們學習如何以可容許的方式來分析事件，但絕不會完全失去它的連動性及跨個體性程度。每一個疼痛事件的開始，都回到艾琳剛才所說的間歇瞬間——在事件湧現仍混沌不明之時，甲接觸到乙；從這個接觸甲和乙會變成如何，某種程度總是要努力去理解。這就是進入連動場域中，緊急應變的另一個例子，我剛才已經說明了這個概念。

　　意外是另一個例子。意外發生時，時間變緩慢，我們會神奇地感覺到一切都忽然聚合起來——懸在空氣中的光線折射，漂浮在空中的玻璃碎片，車胎摩擦的聲響像被合成器擴大了等等，無數的細節。只有在事後，才發生自閉症患者所說的「分割」為零散的東西，也就是事件分割成不同成分和階段。這是學習來的，有學習的技術。一個意外事件突然把一切都拋入空中，讓生命中的所有都變得可疑。這就是我說的「震動」。但，如同班雅明所說，這總是發生在微不足道的地方，例如注意力的轉移，甚至一個眨眼，都是一種微震動，強迫我們重新建立焦點，重新調整我們的潛能行動，翻新我們的連動場域——重新組合。我們不斷地因這些或大或小的干擾，而更新我們的經驗，我們是許多連動的間歇瞬間所組合的。就像艾琳在她

的著作《總是比一更豐富》中指出，我們每一次經驗都從她說的自閉症場域中重新出發，也是我在《虛擬假象與事件》中說的連動場域。她的重點是，我們都是連續性的，我們都在同一個光譜中，但我們當中有些人——自閉症患者口中的神經正常人——因為如此習慣於分割，以至於忘記了經驗的連動萌發。

湯姆森：

　　談到這，也許我們可以回到媒體創造的即時應變的情動力層次，日復一日在螢幕播報的新聞上，以及普遍的新媒體經驗。當您說，我們身處情動力之中，情動力並非在我們內部，我想到德勒茲所說的：我們身處時間之中，時間並非在我們內部。這兩種經驗我們都有，同時從兩個角度身處兩者之中。新媒體經驗有趣的地方在於，總是以某種方式回歸到這種經驗，塑造它，使它像綿延不絕般（duration）扣人心弦——或非綿延。

馬蘇米：

　　對我來說，媒體環境似乎也有一種時間生態。我在《衛報》上寫的文章是一種學習，因為我從來沒有寫過那種新聞性的東西，立即上網，又獲得立即回應。學術出版通常要一年才能問世，然後還要等一、兩年才會看到任何

回應。為網路新聞寫作，是一個十分有趣的經驗。文章的上傳匯集了不同的媒體時程，各有不同的情動力調性和連動場域。文章發表後，有評論部落格的立即反應。我會說，百分之九十九的評論不僅是否定，甚至極其惡毒。經過幾波之後，這些評論幾乎不再針對文章，而是彼此互咬，像滾雪球一般彼此嘲諷和攻擊。持續兩天後，嘲諷的風向平息了。表面上打算作為理性討論的公共平台，卻變成了一個快速洩憤的平台，變成情緒的發洩，前提是別人的看法和意見都不算——和想像中的美好公共空間圖像大相徑庭：一個冷靜思考、反省、和嚴肅分享理念的場地。就好像這個連動場域事先設定了，所謂連動場域根本不存在，一切到底就是個人情緒，表達只不過是毫無顧忌地情緒發洩。我認為，所有領域的公共空間——假如這種空間存在的話，但我不相信曾經存在——越來越變成這樣。2008年美國總統大選時組織的「市民大會」（the town halls），就是類似的風格。但是，《衛報》的文章時程比較持久，是另外一種模式，是透過臉書和推特的連動。這兩者的運作，以基於分享的連動場域為前提，同時以潛在興趣為情動力調性。推特預設的上架時程是兩週，此後就消失了。臉書的連動置入搜索檢索系統，可以永遠留存，有如事件的沈澱。其次，還有新聞的資訊整合編輯，自動將文章四處送出，植入其他網站中；基本上是隨機的，沒有

任何特殊限制，要傳多遠就多遠，植入後要存留多久就多久。於是這使得網路內容提供商的經營，形成了搜尋、擷取和挪用的流行風氣。因此，這篇小文章的媒體事件是什麼？它的連動場域是什麼？就是這些所有的時程，各有不同的繁衍模式和不同的調適，具體化了不同的參與風格。即使是如此微不足道的一篇網路文章，它的變化遠遠超過我的個人能力，無法跟上它的足跡或是了解它的運作，因為它太分散，增生太快了。感覺很奇怪，你頓時失掉了掌控，不但無法掌控你個人時間投資的產品，也不能掌控你的期待：期待你的付出獲得對等的結果——同樣人性化的尺度。在這個小小的事件中，我在擴散，無處不在。我覺得這根本不是我個人的經驗，而是我被一個經驗拉進去、被碎裂。而這個經驗有自己的生命和時間——有多重的時程，我充其量只是這個經驗的發射台。

曼寧：

　　我也想要大家注意一個事實：在你的文章中，你也談到時間和全球媒體反應的關係。福島事件[15]有一個翻轉時間，媒體關注的壽命大約只有兩個星期——假如有兩星期的話，接下來就是報導利比亞事件。[16]我覺得有趣的

---

15 日本福島第一核電廠爆炸事件，發生於 2011 年 3 月 11 日。
16 利比亞第一次內戰在 2011 年 2 月 17 日開始，同年 3 月 17 日，英法美開

是，如果談到對某一個事件的持續關注，媒體本身的時間事實上非常有限。另一方面，又有這種病毒似的瘋狂擴散，任何報導都無限衍生。在臉書上我有時候注意到，舊的媒體報導還在分享，根本不知道那是舊聞——最近加拿大的選舉經常如此，有人在網路上流傳總理哈伯（Stephen Harper, b. 1959）[17]的視頻，不知道那些都已經是幾年前的舊聞了。

馬蘇米：

我們在談的這種新媒體生態，我稱為「半公共」空間，意思是說，私人和公共訊息常常接力和重疊，模糊了兩者的界線。繼續舉臉書為例，你和朋友的朋友交朋友，他們也跟你的朋友交朋友，不久你就跟完全陌生的人分享你的「私人」消息。表達的模式還是「私人」的，但是前提是帶著某種程度的公開性，雖然比廣播受限制，但是又不完全是親近的或私人的，不是過去世代所了解的那種親近或私密。這很迷人，因為這種公私領域的界線模糊，並不只是負面的。這是一個全新的連動場域，當中的言語表達已經習於它的類公共性，也格式化了，因此，是因在內部的其他人而標記定型了。這就是德勒茲和瓜達里所說的

始武裝干涉。

17 哈伯於 2006 至 2015 年擔任加拿大總理。

一個例子：言語表達變成一種明顯的「集體發聲組合」。
就我們透過社交媒體的自我塑造而言——相當類似電影製
作人的做法——我們簡直是在假借「私人」的幌子，參與
一個集體性的個體化劇本。

湯姆森：

　　這種狀況，需要一種新的情動力政治理論。也許可
以從莫斯（Marcel Mauss, 1872-1950）的「禮物結構」
（structure of gift）[18]概念來思考這個問題。就某種程度而
言，禮物是對其他人或其他社群的調適，但是還有互動的
可能——在某種意義上，你總是必須回禮。很難說，但
也許媒體事實上在加強這種概念。可以說禮物變得越來越
大，但也變得越來越有害。因此，回到生態—生物組合的
說法；和情動力連動，有一些該做的事，一些和價值生產
相關的事。在正常的禮物經營中，每個人都很清楚這是一
種分享，但這種理解不知怎的已經失落了，或模糊了。你
根本不知道分享何時停止或開始。

---

18 此概念出自 Marcel Mauss, "Essai sur le don: forme et raison de l'échange dans les sociétés archaïques" (An Essay on the Gift: The Form and Reason of Exchange in Archaic Societies), *L'Année Sociologique*, seconde série, 1923-1924.

曼寧：

　　的確，禮物的概念對我們而言越來越重要，因此我們感官實驗室最近的活動是「創造不可能」（Generating the Impossible, 2011），用了原住民的「贈禮宴」（potlatch）概念。[19]我認為實踐贈禮宴的原住民都了解，禮物是時間的創造者，很有趣的一種想法：禮物就是贈送時間。我想，就某種程度，這是德希達（Jacques Derrida,1930-204）對禮物的看法……

湯姆森：

　　是藥物（the pharmakon），或者，也是毒藥的解藥？

曼寧：

　　是有關聯，但我想的是德希達的書《贈予的時間》（*Donner le Temps; Given Time*, 1991），[20]以及他的莫斯研究。在原住民的脈絡，贈禮宴，亦即贈禮的事件，因反戰的調適而發生，將不同的部落聚集在一起。贈禮宴是一種

---

19 這個活動是感官實驗室的兩個系列之一，另一個系列是"Technologies of Lived Abstraction"。參考 Eric Manning and Brian Massumi, *Thought in the Act: Passages in the Ecology of Experience* (Minneapolis: University of Minnesota Press, 2014), part 2, pp. 83-151.

20 Jacques Derrida, *Given Time*, translated by Peggy Kamuf (Chicago: University or Chicago Press, 1994).

儀式行為，將戰爭機器的萌發導向其它的事物。所謂其它的事物，不只是物品本身，不僅是攸關物質狀況。重點是轉移場域；就贈禮宴而言，這不僅是透過贈與，而且透過毀損禮物。主要是儀式，是一種行動中（in-act）的連動場域，而不是實際的物品本身。就感官實驗室的脈絡而言，贈送的時間——被給予、被毀損、毀損之後所剩下的——是我們思考集體實踐時的核心。我們一直在尋找方法，讓我們可以強調這種開放性，事件可以靠自己的能量提供時間，提供探索的時間、失敗的時間。失敗——像贈禮宴時摧毀禮物——對我們很重要，就因為失敗讓事件自由面對不可知，使得事件面對眼前的狀況重新調適。

就「創造不可能」而言，我們構思的贈禮宴技術之一是：「極端自由因子」（the free radical），剛開始時我們將它定義為間歇性的創造者（a generator of interval）——得力於澳洲藝術家葛左拉（paul Gazzola）。就某種意義，這種極端自由因子可以在事件中到處啟動。但在我們的案例中，極端自由因子也是葛左拉這個獨特的人，我們會實驗到底這個技術可能產生什麼效果。在思考禮物本身就是極端自由因子之時，我們了解了這個技術的意義——由於進入場域的事物，使場域既永續又不穩定，既完成又開放，於是極端自由因子啟動了調適的模式。生物學上的極端自由因子，是新陳代謝必須的分子，但是這個分子也可能破

壞組織——因此稱得上是解藥，也是毒藥。極端自由因子的任務是，協助萌發中的集體情動力調適成形；但，一旦集體化變得過度和諧而開始沈澱成內部小圈圈，打破這種集體化也是它的任務。有一點像魔術師的角色。到頭來，我認為它變成一個有趣的技術，介入事件，並且跟著事件走。我們的確最後集體體認到，極端自由因子的能量，基於我們有能力在多變的事件場域中到處啟動它。但是，一開始就將它具體化，對我們來說還是有用的，因為這樣就不會忽略它。這變成構思集體的個體化潛能的技術，開創了一種經驗的生態，既永續，又重新開啟它面對自己的潛能。我應該強調，我們創造事件，不是基於「什麼都好」的心態，而是透過結構性的即興實驗打造，希望能開啟集體探索的啟動潛能途徑。如果說還有什麼遺漏的，也就是從事件發掘出面對還沒想到、還沒形成的能量。這可能失敗，無庸置疑——如果可能，這種失敗會變成一個新的事件時間中，重新出發、參與的契機。

　　問題似乎總是：到這一步，下一步是什麼？如何扭轉「這一步」，而不至於認為一切來自我們，來自人，來自個人？在萌發中的生態如何調適，才能創造不同的情動力？我們可以想像如何激發潛能的限制，讓調適變成事件時間自我表達的一部分？我們設想了許多有關調節效果的問題——事件如何能承載不確定的能量，而不闖入自我意

識的補償作用樞紐？集體的重組，如何能不施加預設的系
統來指揮截然不同的成分？當然，我們不斷地失敗。但最
終浮現的，我認為是一種強烈的集體意識：關鍵是從以人
為中心轉換到新種的形成，或一種實踐生態；從個人的，
轉換到事件應變能力的意識。用這種方法，責任的問題，
回應的能力，永遠不會先於事件。從這個制高點集體運
作，不會讓我們陷入一個預定的慈善、寬容或協議的立
場，彷彿置身於事外似的。反而，這會促使我們發展方法
去構思事件的寬容——是事件創造了自己開放潛能的情
境。當然，這種運作可被視為極端危險：在事件進行或對
我們作用之前，我們無從得知事件有什麼能耐；事件本身
就是一個較大生態中的極端自由因子。但我們相信，這種
風險是值得的，因為我們不得不冒這個風險。禮物是在贈
與中的，事件就是禮物的贈與者，究竟其結果為何，總是
有待確定。

馬蘇米：

　　的確，我們開始思考禮物和贈與宴的禮物經濟
時——去年我們在丹麥時討論過，也就是「創造不可能」
的前一年——我們被《千高台》裡面的幾個段落吸引住
了，這些段落從一種另類的角度，討論經濟運作和經濟所

創造的價值。[21]德勒茲和瓜達里認為，經濟的風險在於連動場域。支撐經濟的並非它的結構——事先建立的身分、立場、秩序或安排的個人角色。他們認為，主要風險在於場域的極限、及臨界點如何演變。德勒茲和瓜達里發展一個有關極限的概念：極限可組織連動場域，借用、並改變邊緣經濟。一個連動場域是無限的，因為無論就經濟力或情動力而言，它充滿了待實現的創造價值潛力，以及創造事件及新奇事物的潛力。但同時，一個連動場域是有限的，因為有些點是它不去跨越的。有些臨界點，一旦跨越了就翻轉到一個性質不同的連動場域。他們舉個例子，描寫一個部落社會和耕地斧頭的製造。假如斧頭的製造超過某個數量，多餘的斧頭就可能被另一種活動吸收——例如打仗。這可能將有限的儀式性戰爭，導向一種新的組織性戰爭，繼而可能導致新的戰士階級為基準的社會階級分化。整個社會的本質會改變。因此，一個數量的臨界點，與一個本質的翻轉點不謀而合。真正重要的是本質方面。在通常範圍內的數量累積，差別不大。他們的意思是，經濟的數量面，我們一般認為是經濟的全部，但其實和本質的秩序是並行的，而本質是真正的過程差異所在。當跨越

---

21 Gilles Deleuze and Félix Guattari, *A Thousand Plateaus: Capitalism and Schizophrenia*, translated by Brian Massoumi (Minneapolis: University of Minnesota Press, 1987), pp. 437-440.

過一個臨界點到一個新的連動場域時，一切都重新調整，生活中的價值改變了，生命被重新評價。

從根本來看，所謂經濟，就是生命價值的本質經濟，而數量面只是本質經濟的指數。德勒茲和瓜達里認為，一個現成場域的極限究竟何在，是一種直覺的集體理解。不跨越界線，避免翻轉到一個新的場域，是一個指標：我們的集體情動力投資、不同的調適，目的是留在自己的連動場域，並非為了收穫的數量，而是為了這個連動場域提供給我們的生命價值和生活品質。這當然不是共識，可以是包括反對能量的高度複雜互動。事實上，連動場域越複雜，極限和臨界點就越有爭議。德勒茲和瓜達里的重點是，不轉移到一個新場域，不讓翻轉可能或實現，基本上是一個集體決定，牽涉到情動力的評價——攸關純粹本質、整體連動性的價值。這些評價不一定能完全意識到，也不一定能用思考判斷。事實上，絕對不能，原因出於我們的訪談一直在強調的重點：一個連動場域中的行動，本質上就超越個體及個體的現狀。這就是為什麼情動力政治如此重要，為什麼一定是直接集體的。挑戰在於，如何實踐一種情動力政治，才能夠解決情動力立即反應層次的非意識互動問題，又如何能如此做而不變得強制性。就是為了應對這個問題，在感官實驗室我們一直在探索這類概念：連動技術、禮物、調整或調節、友善歡愉、過程

的主張、以及誘導。我們這樣做，是包括在反資本主義鬥爭的較大觀點之內。極限的邊緣性邏輯，就德勒茲和瓜達里的觀點而言，可用在資本主義經濟上，如同用在部落經濟上一樣。例如，有效地解決失業及剝削的問題、解決造成生態災難的資本主義無限擴張要求、或真正解決資本主義經濟內部不平等擴張的趨勢——擴張得越來越難對付——都極可能導致臨界點狀態。反資本主義情動力政治，能把全球連動場域推向其它方向的，會是什麼樣子？我只能說，要創造這種政治，必須嚴肅思考我們場域中的本質性連動性運作，必須要接受我們沉浸於場域中，看清我們是從場域的內部運作，從內部將場域推向其結構的某一個極限，直到越過翻轉點。

福理齊：

我們為了準備「創造不可能」的閱讀中，以及在夏天活動的整個精神中，有一個中心關懷，就是生命和恢復生機的概念，也就是瓜達里所討論的新生存模式。德勒茲也是如此，在他的斯賓諾莎書中，他談到創造一種以生命為目標的不同生活方式。艾琳，你提到一個「為生命而活」（life-living）的計畫……

曼寧：

是的，一種生命能量，超越人類生命，直至進入新種形成的有機－無機生態中——這是思考生命的一種不同方式。透過德勒茲的最後一篇文章，〈內在：一種生命〉，[22]我常會得到這個結論。這篇文章似乎給了我們深刻思考的工具，讓我們在思考如何生活時，開始學習並非只考慮「我們這種生命」，而是把生命看成是一種不同生活方式的計畫——生命是一種實踐的生態，不斷地將無機與有機、人與非人交融在一起，創造經驗的形成。

馬蘇米：

當我們談論價值、生命，以及肯定經驗的連動性強度時，常常誤會這是在表揚美好感受、美好氛圍，但並非如此。如果你想調節能夠超越現在的連動性潛力，就某種意義你必須擴張此時此刻。你必須暫停分割，暫停務實預設的具體化，不要驟然投入準備最充分、最無障礙的行動途徑。這就牽涉到某種程度的不知所措，也可能造成痛苦。即使如此，這還是某種愉悅，因為張力激烈而生機勃勃。在《總是比一更豐富》中，艾琳稱之為「激情」：進

---

22 Gilles Deleuze, "Immanence: A Life," in *Two Regimes of Madness: Texts and Interviews 1975-1995*, edited by Davide Lapoujade, translated by Ames Hodges and Mike Taormina (New York: Semiotext(e), 2007), pp. 388-393.

行中的連動性調適，暫停時的張力；這是連動場域的活力感受。個體只有在緊急應變投入場域時，各自以不同的方式配合這種面對行動的激情，才擁有這種感受——也就是艾琳說的，激情感到自己潛力形成時的「前加速」（preacceleration）。這並不只屬於我們認定的正面感受，而是一種行動的張力，一種對過程的關注。法國哲學家魯耶（Raymond Ruyer, 1902-1987）稱之為「身體的激情」，把它跟遊戲連結起來：我們整個生命都投入其中，身心一致面對行動。在《虛擬假象與事件》中，我用「生機情動力」（vitality affect）的概念來說明這種感受，這是借用史騰的說法（「情動力調適」也來自於他）。與這種感受同時發生的連動性緊急應變，我稱為「純粹活動」。這種種說法，都能用來理解艾琳所提出的「一種」生命概念。

曼寧：

對我們而言，極端自由因子可以和「一種」生命的概念一起思考，或者和西蒙頓所說的「前個體」（preindividual）一起思考。前個體並非意指個體化之前的東西，而是一種過程中伴隨的分享，可以說是一種虛擬的貢獻，能觸及更豐富的經驗。我們想知道，同樣地，是否能透過極端自由因子而感受到這種更豐富的分享——這種分享如此難以捉摸，但是對新類型思考和合作的發展，卻

是如此重要。為生命而活,是清楚表達這種分享的一種方式。這種分享與「這個」生命同步,但是不能簡化為這個生命,因為它也包括加速前的生命過程。為生命而活,是一種虛擬能量,是創造我們的一種過程。

湯姆森:

　　但是在活動中,你們能夠實際經驗到這種分享。

曼寧:

　　我認為是的。不知道你是否看過 福爾曼(Ari Folman)的電影《與巴席爾跳華爾滋》(Waltz with Bashir, 2008)?在《總是比一更豐富》中,我寫到這部電影。此處我想到這部電影,是就經驗的虛擬分享而言,這種分享可以讓人感受到,但是卻沒有落實。在寫這部電影時,我知道《與巴席爾跳華爾滋》的風評相當不好,許多以色列及其他地方的左翼學者,批評它再度把以色列經驗看成核心,使得整部影片都是關於以色列的痛苦。可是,我的看法不同,我專注的是生活的描繪,尤其是這種前個體層面。我的問題是,在貝魯特難民營大屠殺[23]之後,生

---

23 即 Sabra and Shatila massacre。1982 年 9 月 16 日至 18 日黎巴嫩長槍黨在以色列國防軍協助下,在薩布拉—夏蒂拉大肆屠殺巴勒斯坦人、黎巴嫩什葉派穆斯林,遇難人數以千百計,被認定是種族滅絕事件。(Wikipedia)

命如何能堅持，或是生命可以何種方式繼續。這個問題
的一個答案是，從人性觀點看一切。我認為，這就是法
國哲學家列維納斯（Emmanuel Levinas, 1906-1995）的做
法。大屠殺之後不久，他造訪以色列，主張有些時候我
們無法面對鄰居，有時就是有敵人，就這麼簡單。我主
張，在關鍵時刻，人道倫理容易回歸到最單純的自我與他
者、朋友與敵人劃分——一種認同政治——即使目標複
雜；列維納斯的目標當然是複雜的。我認為，《與巴席爾
跳華爾滋》想做的，是帶我們到另一個境界，從人道認同
政治走向另一種完全不同的政治，打亂了以面對面遭遇為
核心的概念。這是在質疑，他者面孔帶來的恐懼，如何
瞬間衝擊我們轉向情動力，顛覆了認同政治的前提——選
邊站（positioning）。《與巴席爾跳華爾滋》的效果十分震
撼——運用大量影像動態、聲色強度，和故事敘述不相
上下，甚至超過故事——一種另類做法，刺激我們參與
不可思議（或無法面對）的。影片用的方法之一，是持
續將情動力與人的面孔脫鉤：人臉從一個鏡頭到另一個鏡
頭移動，同樣都面無表情。影片積極展現的，是另一種情
動力政治，布萊恩會說是純粹活動——在醞釀中的經驗湧
現。此處我看重的是，找到理解一種複雜政治的思考方
法，超越人道主義，朝向一種生命概念，顛覆我們經常認
為是固定的類別。這也許會引導到一個更複雜的共生概念

（coexistence）。

　　我在分析《與巴席爾跳華爾滋》時所提出的觀點，類似我在《運動風景》[24]這本書中，對德國電影導演萊芬斯坦（Leni Riefenstahl, 1902-2003）電影的看法。我認為我們可以從故事結構之外，在複雜運作的不同表達形式中學習，即使萊芬斯坦的電影中赤裸裸的政治令人作嘔。在萊芬斯坦及福爾曼的電影中，出現的是「生物組合」──醞釀中個體的能量──也就是我說的「身體能量」（bodying）。生物組合不是靠外在設定的價值而變化，而是靠運作的內在價值，靠自己的能量來讓人感受到個體化的繁衍。在兩位導演的電影中，個體化就某種意義，就是我們剛才談的新種形成──是推動流變的表達生態，而非認同結構。就萊芬斯坦的例子，我認為她影片中的生物組合，傾向於某種法西斯流變，比起我們所聯想的希特勒主義要更富有創意，但就某種程度也更危險。更危險，是因為紀律性較薄弱，傅柯會這麼說。在福爾曼的例子中，運作著一種不同種類的個體化，也具有某種法西斯傾向（所有微政治均如此）。但同時，他提供了一種不同的方法來「面對」人類生存的分享課題。我從這兩個例子獲得的是，政治是不能普遍化的；事件（無論是在電影中

---

24 Erin Manning, *Relationscapes: Movement, Art, Philosophy* (Cambridge, MA: MIT Press, 2009).

或集體行動中）創造自己的風險、自己的極限和潛在的翻轉點。我們必須對這些風險持續提高警覺，並且參與這種極限。我感覺，福爾曼冒著高度風險，在安排觀點如此複雜的機遇之時，並沒有預先定義敵友之分。如此一來，他強迫我們面對不可思議的事物，讓我們涉入打造一種未來政治的過程，這種政治必須總是創造自己的極限，再顛覆極限。

我認為我們最大的錯誤是，妄想可以按照預先設定的標準，將事件分類和隔離。這樣太乾淨俐落了。我認為藝術的功能可以創造一個開放場域讓思想醞釀，讓經驗維持複雜性。所有開放性場域最終都會被各式各樣的方式收編，但是這種收編不會否定為生命而活的過程。

第五章

立即反應
（Immediation）
與艾琳・曼寧共同受訪

克里斯托夫・布魯納：[1]

在歐洲，尤其是在德語學術界，最近攸關情動力的一個問題經常出現：究竟情動力政治可能是什麼，尤其是跟立即反應相關之時。我經常聽到的批判是，情動力導向的研究方法，傾向於聚焦在立即反應上，不考慮歷史背景和介入的參照結構如何形成。我覺得這點很重要：解決經驗概念的脈絡化問題，必須討論情動力和立即反應的關係。

馬蘇米：

立即反應並不排除過去的決定性、或未來的可能性。「立即反應」可用來強調，事件是真實世界的基本成分。意思是，任何真實的事物多少都讓人有感，而任何事

---

1 2013 年布魯納採訪。

物讓人有感都因為它是事件的一部分。就某種程度，它直接進入此時此刻，成為現行事件的一個成因。也就是說，很弔詭地，任何過去的事物要在現行事件中有價值，必須讓自己在現場重現。根據懷特海，事件經驗的第一階段，就是重現（re-enaction），也就是我經常說的「重啟」（reactivation）。懷特海說得很明白，這個重現的啟動階段，是情動力的。這是一種直接感受，過去事件殘留在世界，讓即將來臨的事件吸收，作為自己的潛能。這尚無法在意識中清楚分辨，因為事件剛剛開始，還不清楚自己會變成什麼，只能感受到。但既然這是一種潛能的感受，已經可以理解這是一種向前的思考，是一種面對事件即將來臨時的思考／感受。從這個角度思考，即時性（immediacy）總是與過去連動，但，是一種直接與過去的連動，無經中介，彷彿是在一個尚未發展完全的特殊情境中，過去又復活了。不是涉及過去全體，而是在即將來臨的活動中容納了過去的特定部分。比起對過去的反省或批判思考，立即反應其實更加深刻地容納過去，因為它納入了過去的能量——在能量上，過去超越了自己，它的動量運作與一個新興的獨特事物合流了。立即反應是過去在此刻碰巧遇到了未來。

曼寧：

　　情動力可以用來說明經驗的塑造成形。在我們的著作和感官實驗室的工作中，布萊恩和我常常聚焦在情動力上，因為我們關心的是，萌芽中的經驗如何以原型政治的方式形成。我們最近對立即反應的強調，來自於這個關懷。既然你參與了感官實驗室計畫的最新階段——我們稱之為「立即反應」——你了解，我們的興趣在提醒大家，經驗的預期利益（stakes）發生在它即將成形時的立即間歇能量（interstices）中。如同布萊恩所強調，這種即將成形，無論如何不會排除過去的能量。事實上，立即反應概念的重點之一，就是強調事件的非線性時間，也就是我有時候說的事件—時間。事件—時間強調的是，時間在事件中的情動力能量，這種情動力能量滿載著過去性與未來性，但某種意義上是經驗此時此刻特別活躍的能量。

布魯納：

　　在最近的一次訪問中（見第四章），您談到，情動力場域促成了許多個體在事件中的立即緊急應變，各自採取不同的調適。訪問中您指出，任何概念如果用來促成新的普遍性，都會變得問題重重。

曼寧：

我特別感興趣的是，連動場域如何激化和啟動，萌發出我心目中的集體性。我不是指人類的集體性，而是指生態環境，包括人類和共同創造（co-composing）這個生態的非人類。這就是我說的「比人類更豐富」（more-than-human）。要理解這些萌發中的場域，你需要一種語彙來談論布萊恩所說的——剛才提到立即反應的過去性時，他這樣說：「一種面對事件即將來臨時的思考／感受」。懷特海稱之為非感官性的感知，強調：必須要了解，經驗有一個階段是先於感官經驗的，可以說明事件行進時如何從內部與過去共構。懷特海認為，這個階段的經驗是非感官的。過去的能量再現自我時，不能靠感官知覺，當然因為屬於過去的感官知覺是過去的，留在過去。我認為這很重要，因為把特權給了感官認知，就把我們直接導向人的主體性，導向一個觀點，認為記憶是主體性的、並建立了人的主體性。如果我們從這裡出發，從主體、感官知覺、主體性的記憶出發，我們就太晚起步了。不了解內在的事件如何創造了萌發中的生態，對這種萌發中的生態潛能（它如何表達自己，它如何是原型政治）不感興趣，卻寧可把人的層面看成是理所當然的，進而探索人在事件中的作為。如此一來，就是把人看成是事件的主宰，而非把人看成是事件生態的一部分。如果是第二種看法，我們就身處

於一系列複雜的經驗中，其中人類只是多數之一。更精確地說，首先，其中就沒有「簡單的」類別，例如人類。這第二種看法——此處我們連結到立即反應——需要不同的運作，因為它尚未顯示集體性萌發中的預期利益。對我來說關鍵是「集體性如何塑造成形」，這是真正的政治問題。但這並不貶損其它觀點的說法，例如從歷史觀點看已經成形的政治結構。但，我並不認為政治改造的潛能來自這個層面。

馬蘇米：

從我的角度看，現今情動力的討論，經常誤解了其中預期的利益。相對於先前的「語言學的轉向」或其他各種轉向，把情動力封裝在「情動力轉向」的姿態中，正是假設情動力是一種物品，可以和其他物品分隔。就好像你會把叉子放在盤子的一邊，把湯匙放在另一邊，然後自己爭辯，你眼前的食物到底該用湯匙舀、還是用叉子戳。這真有一點斯威夫特式的幽默，[2]就像在爭辯，究竟該從雞蛋的哪一頭打蛋。如果像斯賓諾莎一樣，把情動力定義為感受與回應的能力，就清楚情動力屬於所有活動的層面，無論我們認為這個活動應該分類為主觀性或客觀性的。語

2　Jonathan Swift（1667-1745）是愛爾蘭諷刺作家、詩人、政治評論家，最有名的作品之一是《格列佛遊記》（1726）。

言的情動力層面，也一樣明顯。情動力已經上了**餐盤**，無論你偏好哪一種知識飲食，情動力可以適合形形色色的食器。強調應該考慮情動力，並非說我們應該思考情動力而不去思考語言，或只注意主體性及客體性之外，事件正在萌發的騷動，如同艾琳所說，而無視於主體或客體。這不是二選一的問題，而是不同成分的活動成為事件的成因。情動力概念，如同立即反應哲學所討論的，就某種程度而言聚焦於活動的萌發成分，這類成分成為事件初期的成因，但尚未完全確定發展的方向。這是一種直接連動的概念，因為你必須把「感受」和「回應」看成是事件的一體兩面。情動力是一個切入點，進入一個變化多端、已經活躍但結局仍開放的複雜連動場域。思考情動力的要點，是理解我們在連動場域中的牽連、以及可能獲得的潛能。情動力沒有普遍的模式。過去如何仍在新事件中起作用，哪些趨勢被重新啟動，如何混合、形成時有哪些互動，這種種都完全因情境而獨一無二。因此，情動力理論必須按照每一個事件形成的場域而量身打造，必須持續更新。

布魯納：

　　布萊恩，從這裡我想到您的純粹活動的理論，還有艾琳的「行動中」概念。在思考活動或行動時，一般傾向於假設：這些概念只關注萌發。但另外還有懷特海的「衰

退」（perishing）概念，兩位在著作中都討論過。我好奇的是，我們如何針對行動的這三種調性（tonalities）來思考：首先，純粹活動，亦即生命能量的出世（worlding）、永續、新生；其次，形成主體性的行動，加上各種方式的調性調整（inflections），藉以設法探尋、介入、變化；最後，還有巴特勒（Judith Butler, b. 1956）所說的「支持的行動」（supported action），強調有一種物質基礎，如何用來供養、支持個體的活力。最後這個概念，意指新事件的基礎，有賴過去事件「衰退」之後，殘留在世上促成新生的事物。也許有人認為，萌發的政治、倫理和美學，過於強調整個連續體的一端，而我們也需要容納衰退的倫理和美學。

曼寧：

　這一點很重要。我認為我們必須將布萊恩的純粹活動概念、或我對「行動中」概念的關注，跟資本主義動員行動的方式做區隔。純粹活動跟資本主義意義下的「做些什麼」（doing something）不相干。有如布萊恩常說的，不是在做些什麼，而是「什麼在發生」（something doing）。如我先前一樣，他強調：預期的利益是，事件如何自發為行動，而不僅是人的主體在事件中行動。什麼在發生時，絕非僅限於人在做些什麼，而是問，什麼在發生

時，如何促使連動場域在事件中活躍。有些影響絕對是
人造成的，但人的作為總是發生在比人類更豐富的生態群
中。因此純粹活動從不被簡化成「人的作為」，但有些研
究在批判社會行動概念時，傾向於這類簡化（例如貝拉
迪的社會運動理論）。[3]應該說，活動攸關生態匯聚成事件
時的生成潛能。

就討論活動和生命而言，懷特海的著作《理性的作
用》[4]（1929）很有意思。他在書中提出的問題是生命的
品質。他問，什麼可以說明我們在努力好好生活，而非只
是活著？這個問題不是完全指向人類，而是指向慾望在實
踐生態中的功能；人只是此生態中的一部分。創造力是懷
特海分析的核心。對他而言，所有生態演變為複雜的途徑
之一，是透過它們對更豐富經驗的慾望（appetition）：它
們關心什麼是如何發生的，這個什麼如何和別的什麼連結
起來，創發了新穎的（novel）生存模式。懷特海所說的
新穎，不是強調「最新最先進」的資本主義概念。創造力
此處意指創造新的價值模式，新價值促成了新的生命模
式。這是在說明尼采所意指的價值化：挑戰遵從外在準則

3　義大利馬克思主義哲學家 Franco Bifo Berardi（b. 1949），認為資本主義
　　體系的運作並非僅攸關資本累積的內在矛盾，而是和人的主體性及慾望
　　密不可分。
4　Alfred North Whitehead, *The Function of Reason* (Boston: Beacon Press,
　　1958).

的價值概念；相對的，強調：事件自身如何形成就是一種
價值化。對懷特海而言，任何〔事件的〕實際場合就是一
個價值模式。問題是，事件如何評價它自身的生存模式，
如何享受它自身的生存？

馬蘇米：

　　回到行動的概念，對我們來說，這跟工具式的行動
無關。我們不是談勞動，資本主義體系所收編和組織的那
種行動。我們所談的啟動和再啟動，發生在非常不同的層
次上。理念很簡單：每當什麼東西清晰表達時，並非突然
冒出來的，也不是來自完全確定的過去結構中，而是從過
去遺留下來的背景活動中出現，同時又創造了條件讓即將
來臨的事發生，既超越了過去，也許也改變了所孕育的
未來的特性。行動不是奠基在實質或本質上，而是奠基
在先前的活動上，後者給了它一個新的轉機。這就是我稱
為「社會運動哲學」的基本法則，我認為可以補充立即反
應的方法。每次有思考之前，個體已經先有活動了。每次
個體有活動，環境中已經先有活動了。不同層次的活動環
環相扣，分流導入清晰或較隱晦的表達形式。就是在這些
或清晰或較不清晰的表達形式中，這種原始意義上的活動
可以給資本主義之類的機制收編，然後轉換為勞動。也是
在這些清晰的表達形式中，事件的萌發走到了曲線的盡

頭。表達自我的運動是累進的。事件「衰退」了，攜帶著
要表達的潛能，準備好重啟；或者成為一個新事件萌發的
條件，或者成為被收編的潛能，滋養一個自我延續的結
構——透過事件的衰退，這個結構找到了自我重啟的途
徑。事件的萌發和衰退不是對立的，而是同一過程中的不
同節奏或階段。萌發靠自己的流變滋養，一旦萌發把自
己的潛能擴張到產生流變時，萌發就衰退了。如果是明
顯的持續性——即使是一塊岩石的層次，如岩石的持續存
在——那是因為在衰退中注入了恢復形體的再生潛能，
於是下次萌發時和最近的模樣大同小異。懷特海說得很
清楚：一塊岩石是一種成就。有些來自過去的事物，為下
次的萌發，創造了一致性的條件。新的時刻重新吸收了
這些條件，使得生命的輪廓有可能延續。重啟與過去呈現
一致性時，懷特海定義為事件的「生理層面」（或物理層
面；physical pole）。在他的定義下，「心靈層面」（mental
pole）將新穎性帶入重啟，繼而由此向前飛躍。基本上，
也就是意指艾琳所說的慾望，是讓未來性獨特的能量。必
須要了解，懷特海所定義的心靈層面，首先就和人的思想
或主體性不相干。你必須思考萌發和衰退、一致性的堅持
和重新崛起、新的叉入和持續性、生理與心靈，這些過程
模式整體彼此層層交疊。作為過程的不同階段，它們總是
彼此互相關聯，而且，在生命中任何層次的任何事件，

多多少少都找得到它們。

其次談功效的問題。談到功效，我們通常想到的是哲學家所說的因果功效。意思是，效果直接和它的成因相當，成因可以從背景活動中抽離出來，然後以線性模式和它的效果連結起來。基本上是撞球模式，未來完全取決於一種可衡量的能量，乃透過部分到部分的關聯而由過去傳遞來的能量，是局部化的影響。又是一種功效（work）的模式，但，是物理學上的意義〔功，或能量轉變〕。這種因果關係，正吻合懷特海所說的的物理層面（但物理層面不能簡化為此意義）。就導入新穎性而言，心靈層面也是有功效的。這使得事情複雜化了，因為當新穎性發生時，事情的發展從不是線性的，而是曲折多變的。這種非線性來自何處？來自連動場域中未完全確定的成分，來自調節（conditioning）事件萌發的背景活動，來自連動關係的複雜性，來自參與進來的形成因素之間的干擾及共振效果。由於這種錯綜複雜，事件永遠有操作的餘地。這直接發生在連動的層次，不是局部到局部，不是封閉或線性的，不足以稱為因果關係。必須分辨「調節」本身就是一種功效，和因果關係大異其趣。當然，以上兩種功效都在每一個事件中積極作用，事件的獨特性大多仰賴兩者的相互調整。

曼寧：

我在想，我們如何可以把討論推向幾個例子，布萊恩，既然你談的是形形色色的日常情境。我們可以給自己一個挑戰，列一個清單，條列一些我們習以為常的信念：我們可以控制一個現有情境的組織、結局或功效的方式。如此一來，我們會了解，並非我們控制了結局，而是我們慣於相信我們可以控制它！習慣上我們參與一個過程時，連帶了一個保證：一個過程如果參與相同的情境兩次，第二次創造出來的事件，跟第一次創造的一模一樣。但布萊恩是在說，如果你認真看待這個過程，以及注意它在每個階段的演變，你會發現，沒有事件可以事先計畫。事件帶著我們往前走，而結局總是在回想時才體會到：啊，原來如此！但，相對於說「啊，原來如此！」，我們反而習慣將過去強加在未來上，默默認定：「未來就是如此！」立即反應就是嘗試挑戰這種習性。

我們的感官實驗室集體網絡，在探討哲學、藝術和社會運動的關係時，發現技術必須從事件中創造，而且每次都要創新，否則根本沒用。這是務實的層面，也就是我們所稱的試探性務實（speculative pragmatic）層面。事件開創自己的理論形式及務實形式，你必須在事件中與這些形式共同創造；這是場域層次的連動任務。如果你自視為事件的主體，就會失敗，因為你把自己從這些複雜

的連動趨勢中抽離了，而這些正是事件創造自我潛能的趨勢。此處預期的利益，不是了解主體的能動性，而是了解事件在試探性務實發展中的布局（agencement）。這個法文字幾乎無法翻譯，目前我看過最好的英文翻譯是assemblage，但仍會誤導。Agencement 指的是一個行動正在自己行動；要知道，事件本身就是能動者。

馬蘇米：

　　你可以思考任何一個例子，只要其中牽涉到權力關係的情境。很明顯的，假如你是教授，一走進一間教室，立即就進入控制學生的權力情境中。基本上你可以要學生服從你的指令。你可以要他們在指定的日期前交十五頁的報告，他們就照做，不然就承受某些後果。我擁有控制他們的權力，唯一的原因是我們共同參與了一個情境，這個情境是依賴某種制度結構的，而我們已經適應了結構所設定和產生的習慣和技術。如果說我擁有控制力，其實是抬舉了自己，因為我擁有的權力只是啟動深植於連動場域中的某種限制和能量。我行動時，更像是啟動那些能量的催化劑，而不是一個直接指揮官或自主意志者。任何情境都如此，只是程度不同。我們做選擇或決定的自由，並非只靠我們的主體性──換句話說，並非莫名其妙。我們的自由，在於我們如何涉入、參與場域；我們在場域中成功催

化了什麼事件，進而促發了情境中潛伏的獨特性；我們如
何為了新穎的萌發而轉化。這是連動性的問題，因為這一
切的發生不是撞球那樣的局部到局部。假如你轉化事件的
方式，不能干擾在場的任何人或產生共鳴，進而整體性地
影響所有的發展因素，那麼，情境中好整以暇等待著的一
致性力量，就會占上風。

布魯納：

　　這點很有趣。我最近重新閱讀西蒙頓，還有法國哲
學家科姆貝斯（Muriel Combes, b. 1971）研究他的專書。[5]
兩者都探討焦慮的問題。我認為，焦慮問題的核心，似乎
攸關共振的不同模式、及你能從情境的開放性創造什麼。
一方面，我們必須思考有什麼方法和技術，可以成為催化
劑、並在事件中載浮載沉時獲利，如同德勒茲常說的。另
一方面，這讓我們想到僵局發生之時，所有事物似乎停滯
阻塞了。如同西蒙頓說的，這就是焦慮和死亡的時刻。這
提醒我生命實踐的兩歧過程——哪些技術可以用來滋養，
還有你下一步往哪裡去。想到我們在感官實驗室從事的研
究／創作活動，已經有一陣子了——探討如何在事件發生
時即時工作、行動、思考、寫作和進展，如何創造自己成

5　Muriel Combes, *Gilbert Simondon and the Philosophy of the Transindividual*,
　translated by Thomas Lamarre (Cambridge, MA: MIT Press, 2013).

形、既獨特又共振的事物,藉以更新事件。我們的探索也包括詢問:可以建立哪些種類的亞穩態場域。如何創造密集的場域,完全自發性地自我調節?然而,在這種場域和調節中,有些會比其它開創更多的誘導,打開更多的潛能,隨後在不同的脈絡中繼續活動。

馬蘇米:

　　西蒙頓的焦慮概念,顯然在跟存在主義及存在主義現象學對話。這是在回應海德格的「向死而生」(being-towards-death)概念所附帶的焦慮,也回應沙特面對焦慮的解方:決定時的絕對主觀自由。西蒙頓設法把我們的焦慮從這兩種命運中解救出來。對他而言,焦慮攸關個人心目中的「比一更豐富」(more than oneness),這基本上是我們一直在談的潛能的活躍連動場域 —— 也就是艾琳口中的更豐富。西蒙頓稱之為「前個體場域」(preindividual field),因為個體化的主體就是從這裡萌發、再萌發的。根據西蒙頓,一旦這個結局開放的形成性場域被誤解為主體的內部,而不承認它是個體萌發為主體的前個體場域,焦慮就產生了。當前個體的被誤認為是內部,如此產生的主體會覺得,自己應該能容納場域中所有的潛能。這是不可能的,因為,如同我們剛才說的,潛能不折不扣是連動性的,而且只能容納在情境整體中。潛能不可能靠個人選

擇或決定來取得，只能靠事件，而事件中還涉及許多他人。我們經常要求個人發揮自己最大的潛能，誤認世界的潛能是「自在存在」（being-in-itself; être-en-soi），[6]因此造成難以忍受的緊張。這樣其實阻礙了潛能的發展。就我們此處的討論，他者並非是地獄，使我們的選擇和決定受限於他人，如同存在主義相信的。他者是出口。前個體場域的潛能是連動的，只能在連動關係中表達，透過他人並與他人同步。事實上西蒙頓就是如此定義他者的。他說，感知到他人，就是感知到一種世界觀。但這並非意指一種主觀的觀點，而是一種積極行動的觀點——在世界行動的方式、催化事件的方式、表達的方式、透過事件的變化與事件同步改變的方式。如果他者是潛能的形象，那麼，多樣的他者就使潛能多樣地倍增，遠超過個體自己能容納的。只有在連動中啟動，所有的潛能才能獲得。這樣一想，就將前個體跟跨個體（transindividual）連結起來了。實驗如何實踐性地啟動情境的潛能，如何探索連動的行動，即可

---

6 在沙特的存在主義哲學中，「自在存在」是相對於「自為存在」（being-for-itself; être-pour-soi），前者指沒有自我意識的存在，包括靜態的物體，如桌椅、海洋、樹、電腦等；後者指有自覺的，包括人。參考勞思光著，張燦輝、劉國英合編：《存在主義哲學新編》（香港：中文大學出版社，2001），頁 95。Cf. Kris Sealey, "Being-in-itself, Being for-Itself, and Being-for-Others," in Gail Weiss, Ann V. Murphy, and Gayle Salamon, eds., *50 Concepts for a Critical Phenomenology* (Evanston, Illinois: Northwestern University Press, 2020), pp. 31-37.

透過連結前個體及跨個體，而消解焦慮。在此重申，自由
的問題，不在主體與自己的關係。自由總是來自於複雜的
連動場域，深植與場域內的行動。個人並非自由行動，而
是以行動來表達自由。

曼寧：

　　你和布萊恩提到的那段精彩的段落中，西蒙頓也談
到孤獨。他這方面的論點，是他的迫切呼籲的一部分：討
論焦慮或甚至孤獨之類的趨勢時，切勿將這些概念再個人
化（reindividualizes them），必須在個體化、或個體連動
性流變的脈絡中，思考這些概念。再個人化是現今我們經
常受到的誘惑：把焦慮、憂鬱和恐慌，帶回到個人的層
次。我認為，貝拉迪的研究在這方面具有代表性。最近我
在閱讀他的研究，想了解，為何他似乎覺得迫切需要打造
一種說法——我認為是將經驗再個人化——總是把焦慮的
問題看成是個人的。這種再個人化，奠基於他如何討論友
誼，[7]讓我感到很不舒服。讓我衝擊最大的，也許是他談
論瓜達里所謂的「冬季歲月」（Winter Years）[8]時，混合了

---

7 Franco Berardi (Bifo), *Félix Guattari: Thought, Friendship and Visionary Cartography*, translated and edited by Giuseppina Mecchia and Charles J. Stivale (London: Palgrave Macmillan, 2008).

8 瓜達里的著作 *Les Années d'hiver*，是 1977 年到 1985 年的文章合集，這些作品思考危機、民主、新科技及生態等議題，歷久彌新。Félix

行動理論和憂鬱。也許我太簡化了，他對瓜達里的看法最終是：「我知道瓜達里曾經患憂鬱症，因此必須從他的憂鬱症角度來閱讀他身為社運分子、心理分析師和哲學家的作品。」對我而言，這似乎基本上和瓜達里行動中的精神分裂症分析實踐相牴觸——包括他的著作。我認為，瓜達里的一切都吻合布萊恩剛才所說的：努力了解前個體、跨個體和群組主體的關係。對瓜達里來說，問題絕對不能簡化成主體立場，要點總是創造、或把握從事件中萌發的主體性新形式。我不懷疑瓜達里有憂鬱症，但是，建構憂鬱症時如果抹煞了他行動中的一切，對我來說毫無意義。

我們現在的時刻，許多人覺得集體行動很迫切，但我不知道，比起其他時刻，我們現在的時刻是更不焦慮，還是更加焦慮。我知道的是，焦慮或憂鬱症的理論，必須能夠與他行動中的一切共同構成；我們此處就是將「行動中」理論化，讓它可以吻合瓜達里的思考模式。病理學和心理治療的問題浮現時，必須吻合西蒙頓的焦慮或孤獨理論，才能打開問題，超越它的再個人化趨勢。如此一來，行動如何產生新生存模式的問題就會浮現，繼而打開認知多樣性連結到跨個體、群組主體的探討，與瓜達里遵從法國精神分析家歐力（Jean Oury, 1924-2014）所說的「從眾

Guattari, *Les Années d'hiver 1980-1985* (Paris: Les Prairies ordinaires).

病徵」（normopathy）[9]相對。

馬蘇米：

　　剛才你提到西蒙頓的焦慮概念時，連帶提起的孤獨概念，我要繼續談談。我認為孤獨也很重要，因為當西蒙頓談到群組主體或集體個人化，還有談到在容納許多他者的連帶場域中，進入某種以事件為基礎的行動的重要性之時，大家常以為他是在主張：團結、社會透明度、及毫無保留地提供這種互動的絕對必要性。我認為，西蒙頓是以孤獨概念嘗試說明，如果有這種絕對必要性，那麼就會像焦慮把前個體誤認為主體內在似的，帶來一樣的限制和痛苦。當他談到孤獨時，是指一種跨個體的潛能經驗，但尚未特別發揮成行動；亦即，感受十分活躍，卻充滿張力。德勒茲說過很類似的話，而且這樣說時很可能正想著西蒙頓：即使孤單一人在案前寫作，也可能是集體性的。寫作者可能正行動於一個連動潛能的場域中，而連動場域需要整個群體來發揮。從實際意義而言，這是一個「即將形成的群體」（a people to come）；德勒茲甚至認為，這是一個人最富於集體性的時刻。總是要求溝通、強制參與、不斷呼籲互動，可以是一種束縛。這越來越成為資本主義要務

9　「從眾病徵」是盲從群體規範（conformity）及對社會認可的病態追求，代價是個人性的喪失。

的成分，結果，實際上會使連動性所剩無幾——就我們一直在談的萌發意義而言。事實上，針對這個問題，孤獨可以是一個連動性解方。

曼寧：

關於集體行動的問題，我們在感官實驗室的理解方式，受到瓜達里所描述的邊緣診療所（La Borde clinic）[10]及其營運方式很大的影響。這是他畢生致力的實驗診療所，能夠跨越各種各樣的孤獨和焦慮來共同創作——運作方式並非兩個人面對面地創作，而是生成的事件可能允許不同的創作、跨個體創作、個人內在以及前個體的創作。就我們的社會運動而言，要點之一就是創造從群組主體內部萌發的技術，處理過勞、憂鬱症和焦慮的發生。健康管理如何不針對個人，而是從環境著手？這個問題我們一直在和我們的合作夥伴討論，亦即設立在波士頓的社會教育中心（Design Studio for Social Intervention）。對他們來

10 邊緣診療所是精神分析家歐力 1953 年所建立的，在法國羅亞爾河谷（Valée de la Loir）的 Cour-Cheverny 鎮上，現在仍運作。歐力主張機構和住民都必須負擔照顧和維護，讓住民可以採取主動、擔負責任，發展出住民可以工作和表達創造力的情境。從 1950 年代起，瓜達里就在邊緣診療所工作，寫出一系列有關精神分裂症的理論，收入他和德勒茲的合著《反伊底帕斯》（*Anti-Oediu*, 1972）中。邊緣診療所最著名的活動，是每年夏天由住民和照護者合作演戲，形成傳統。https://en.wikipedia.org/wiki/La_Borde_clinic

說，在處理當地嚴重的種族歧視和幫派暴力時，這個問題可說更形重要。教育中心的許多合作夥伴和社運人士因幫派暴力而失去了家人，而且他們每天面對種族歧視，不僅是針對他們自己，而且是針對這個問題本身：市中心貧民窟的非裔美國人，在美國能有什麼樣的生存模式？他們全心全意地繼續投入，設計他們所謂的「平行」實踐，來對抗都市暴力，但是經常因為任務的艱鉅而難以承受。過勞經常帶來焦慮和憂鬱，面對這種挫折時，社運事件的實踐所開創的連動場域很難持續，也很難防止它在壓力下崩潰。防止或緩和崩潰的技術，當然攸關個人，但不能只限於單一的男女。

　　我們實驗的一個項目是這個問題：換個方式，重新以情動力連結群體，擺脫以「在做什麼」的意義來思考「積極行動」，相對的，關注行動中「什麼在發生」。這讓我們回到先前有關情動力的問題──共同創造是什麼意思？要共同創造，就是承認有一種可能性：我們無法事先知道我們計畫究竟以什麼集體價值為基礎。意思是，在判斷集體價值最終可能如何被理解時，要變得具有彈性。我所理解的集體性，總是關心這類試探性的務實問題──說試探，是因為這類問題持續對創造性開放；說務實，是因為這類問題滋生於行動中的不斷探索。在感官實驗室，我們探索集體價值的一個方法，是透過奠基於事件的關懷

（care）。此處我的意思不是人對人關懷的主體性，而是一個事件如何打造一個環境，可以長期容納形形色色的參與，包括不同的情動力速度，例如緩慢，也許讓我們聯想到憂鬱症；或是其他不同的速度，讓我們聯想到焦慮。這種事件／關懷，也許帶來一種集體治療，接近瓜達里所說的「療癒」（therapeutic）意義。不是個人治療的療癒，而是照料事件，讓事件能夠打造人人彼此交疊的生存方式或生活方式，可長可久，超出我們所能想像的，而且能打造出新的生命形式。我這樣說是十分猶豫的，因為我毫不確定療癒在此是恰當的用語。

布魯納：

　　這點很重要，就感官實驗室的做法、及這些做法總是引起的質疑而言。在事件發生的立即反應時，如果你不斷重新評估價值；如果你想方設法，不是針對發生的事解決問題，而是在事情發生時做些什麼，你就必須徹底重新考慮你使用語言的方式。這也影響到你如何棲息於學術機構場域；我們這些學術中人必須操作、並通過重重限制和封閉體制，一方面設法延續某些措施，一方面轉化和調整其它措施。「技術」和「實踐生態」的討論，提供了一個出路，讓我們拆解既定方法和恰當工具的要求。回到我們研究用的語言，絕不是僅簡化為公認的語言規則；如何能

想像我們使用的語言是生活實踐的一部分，也就是在面對彼此、面對我們之間流動的眾多孤獨時，如何思考、生活和寫作？拆解一再製造焦慮的封閉體制，究竟實際上是什麼意思？舉個例子，可以想想去年在美國威斯康辛州密爾瓦基郡（Milwaukee），我們都出席的「非人類轉向」（Nonhuman Turn）會議。我從沒看過一個學術活動如此充滿焦慮，尤其是博士班學生之間。雖然被期待做創造性的研究，他們卻不敢暢所欲言、提出反對或表達意見，因為怕踩到某人的痛腳，而這人可能就在你未來的招聘委員會上。

曼寧：

過去幾年，布萊恩和我深刻涉入這個問題。語言如何打造瓜達里所說的生存領域？我想，這就是你在談的──生產所謂知識的傳統工具性形式，例如會議，非常不擅於創造非模仿、非複製原本領域的新領域。我的意思是，傳統工具不會創造吻合懷特海共同創作概念的新東西。我最近在思考這個議題，涉及今年秋天我們將舉辦的一個活動，稱為「進入生物依存」（Enter Biocleave），[11]將於日本概念藝術家、建築師荒川修作（Arakawa Shūsaku,

---

11 Bioscleave House 是美國第一間過程式建築，是一個互動式的日常生活實驗室，探討如何與環境永續生存，甚至無限延長人類壽命。

1936-2010）和美國藝術家、建築師及詩人琴斯（Madeline Gins, 1941-2014）在長島（Long Island）的生物依存實驗室進行。[12]上星期布萊恩和我在紐約，跟琴斯會談。我們三個人都致力於語言的過程，對語言的作用很感興趣，尤其是語言建構概念、創造生存模式的能力。然而，有時候我們對彼此的合作感到躊躇，因為即使我們的關注經常類似，我們的語言可以大相逕庭。荒川和琴斯的研究以過程方法為基礎，近三、四十年來，他們定義了一套過程，既深深根植於他們的實踐中，又極具機動性，很值得再三思考。這些過程的核心是生態的，但的確是從他們所謂「人格化的有機體」（organism that persons）視角操作，進而打造了一個以視角為主的方法，在許多方面把人放在研究的中心（儘管他們對跨越不同的有情眾生很開放）。[13]我們在感官實驗室發展出一套技術，在變化上可能有些不同，因為這些技術關注的是事件的生態。這兩種方法是息息相通的，有共同的興趣，而且我們對彼此的研究都很熟悉。但，儘管如此，我們花了四、五個小時嘗試理解各自的語言。不僅是在語言學意義上，而且是希望能調動語言的情動力能量。這次談話最具建設性的是，琴斯想知道如

12 由於琴斯生病了，這個活動最後沒有舉行。荒川修作與琴斯是夫妻。

13 Madeline Gins and Arakawa, *The Architectural Body* (Tuscaloosa: University of Alabama Press, 2002).

何將我們的技術過程化，而我們想了解她的過程如何能打開對事件的思考。我們真的對語言的能量很感興趣：語言的能量如何能作為一種技術，讓我們思考及說清楚彼此的不同語彙。因此，我們不是辯論，而是進行了一場極為建設性的對話，跨越不同的研究模式來創作。我認為，這創造了一個生存領域的開端，在學術圈是很難做到的。在學術圈，意見壓倒過程性介入，而後者有能力共同開創技術及開創談話模式。這種方法需要時間，必須有意願冒險嘗試自己的想法、有開放的胸襟、還需要一個活動或計畫；這都不能是抽象的。跟琴斯合作的時候，我們的做法是透過「進入生物依存」活動，結合我們的兩個世界。活動很重要，因為就是透過活動才能實驗技術，在活動中才能了解，我們方法的匯流如何共振。過程如何展開，連動性技術有何作用，將是關鍵，可了解這些過程或技術是否會創生萌發的集體性，或需要調整以利於未來的實驗。究竟如何調整，會影響到我們如何確認事件預期的利益，當然各自預期的利益不同。對荒川和琴斯而言，預期利益是「可逆的命運」（reversible destiny），牽涉到「永存不朽」（immortality）的概念。我們對這個概念的認同，只到這個程度：我們致力於讓萌發的集體性穿過反覆的衰退期，演變轉化、持續存活。兩者的預期利益還是連結的，但並不相同。並非因兩者的共同點而連結，而是因過程性方法

的迫切性，因計畫的迫切性。

馬蘇米：

　　花了四、五個小時，討論荒川和琴斯的研究、及其與感官實驗室如何連結之後，真正讓我感興趣的，以及令我驚訝的是，琴斯突然問：「我們要如何稱呼這些過程？」對她而言，我們並非只是分享理念、溝通彼此或過去的活動。對她而言，討論並不僅止於討論，而是做些什麼——或，什麼在發生，而朝向下階段的務實發展。她感興趣的是，從討論中汲取務實操作的重點，然後進而磨練為過程，置入一個特殊的情境中，來調整事件的萌發。取名字是調製過程的一個技術，就像調製一個化合物一樣。取了名字你就能實際地把握，究竟潛能的哪個部分你能集體地導向暫時性的表達，然後把這部分聚合在一起，好讓你能有所作為。這種使用語言的方式，和學者通常溝通的方式大相徑庭。參加會議時，你不由自主地就在主觀上採取了立場，一戴上名牌就開始了。你不只是登記出席，你代表你自己，你的談話也與此相應。於是你進入情境的角度就個人化了。

　　這假設了你的身分與你的潛力相當，我們自我表達時，也限定在這種潛能的個人化模式中。這種做法，正是西蒙頓警告的：把個人化萌發的潛能場域，誤認為主體的

內在。無庸置疑，焦慮就產生了。其它種種活動型態及連動性的催化作用——會讓情境更像一個事件、有更開放性的結局——都被排除了。感官實驗室的第一個問題是，如何把我們自己打造成一個事件？我們這些藝術家、學者和社運人士，如何積極地聚合在一起，不僅僅是複製一般類型的「溝通」？我們能集體性地創發哪些連動性的過程、或連動性的技術，為之命名，置入情境實踐，讓事件真正值得稱為事件？

很快我們就了解，我們在尋找的技術必須是非個人的，意思是直接集體性的，就像西蒙頓的前個體場域，在跨個體的流變中。聽起來有一點太理想化，但根本上真的是務實；最正確來說，是過程性的。問題永遠是「如何？」例如，你如何進入一個情境，而不只是註冊你的身分所代表的一切？可以設置哪些條件，使得入場換個立足點？參與者跨過門檻進入活動時，你如何展現態度：這次是邀請大家集體實驗和創造？就活動所設的條件，你如何不靠文字說明：不要帶著你的產品來，而是帶來你的過程。不要帶你的現成想法過來、對我們演練這些想法作為展現你立場的一部分，而是帶給我們任何其他的——你的熱情、你的慾望、你的工具和能力、你最熱衷的過程，然後從這個角度和情境連結起來。不要自我表演，而是和我們共同催化事件。也就是說，你因此擺脫了自我表達的要

求和評價。你可以創作，比起一般所能啟動的——例如一個會議中——你帶入情境中的東西可以發揮更多面向。你的各種貢獻是否成功，評價標準並非是否正確、完整、或甚至是否你獨創的，而是把什麼情動力能量帶入了情境。亦即，沒有貢獻屬於個人，因為這些貢獻本身沒有任何效果，只有在為你自己和許多他人創造了條件時才有效——就像一個過程潛能的禮物或催化劑，只有在跟他人共振時才有效果。當別人接收了你的潛能禮物，會把它帶往你自己不可能帶去的地方——也就是能讓你去你自己不可能去的地方。當這種事件生效的時候，舞蹈家可能會跨界看一本哲學書，雖然本來自認為沒有這方面的訓練；哲學家可能會把概念翻轉成運動（movement）。這一類現象發生時，就夠格稱為事件。事件永遠是跨個體的，啟發的潛能是個體靠自己絕不可能達到的。

在這種情境所使用的語言，非常不同。一方面，這是荒川與琴斯所指的「過程上的」。語言的功能是在結局開放的情境中植入某些潛能，而結局只能集體性地表達出來。另一方面，語言的功能必須是啟發性的，因為最後會變成什麼不是事先決定的，但一定會有結果。結果如何是靠連動性獲得的，只有在事件發展時才會清楚。潛能的啟發性尚未完全形成，賦予過程性的語言一種詩意。在荒川和琴斯的著作中，你可以看見詩意—過程性的語言運用。

你可以把它當成詩作來讀，也可以把它看成體驗式創造事件的說明手冊。

曼寧：

我們最抗拒的語言形式，也許是辯論和一般的立場宣告，不讓概念實現或發生作用。這就是為什麼在規劃事件的過程中，我們會如此密切地配合哲學文本。我們希望脫離類似這樣的概括性陳述：「當然，就像人人都知道……」；相對的，我們的談話都針對我們正在進行的工作。那天我們和琴斯相處的五個小時，所有的時間都花在討論語言上，針對我們必須從事的研究，而非針對我們的立場宣告或辯論。

馬蘇米：

辯論困擾我的問題是，預設了安排好的預期利益，連帶的是對立的立場。於是唯一的問題是，誰代表哪個立場，如何能說服人。但我們談的是，重新創造預期的利益。

布魯納：

避免這種事先定義的預期利益，不斷再活化、實踐、書寫集體思考，會導致非常不同的必然性（necessity）

感受。其次，必然性的問題必須攸關如何避免語言的概括性用法，攸關我們如何思考和討論語言。於是，語言不會成為學術命名所能強制的東西。此處我想到德勒茲的研究，還有他如何寫作反對一般的命名做法——因為這種做法強制了一個預定結構，而不是連動性協調下立即反應的必然所導致的結構。我們在此談論的必然性政治，會是什麼？

曼寧：

德勒茲接續尼采討論必然性的概念。尼采把必然性的問題置於事件的要求中，這在《查拉圖斯特拉如是說》（*Thus Spoke Zarathustra*, 1883-1885）中的〈時刻〉（Moment）一段，表達得很清楚：「這個特殊抉擇的必然，創造了什麼生存模式？」他在此脈絡所提出的「抉擇」（decision），也是懷特海概念中的「抉擇」，可理解為能持續推動過程[14]的片刻打岔，類似西蒙頓的「個體化

---

14 懷特海的過程哲學（process philosophy）主張個體是動態的，每個個體都表達了完整的自我，但同時也為其他個體的自我表達而存在。他所說的 decision，意指個體自我客觀化的動態過程，透過這種動態過程，個體超越自我，有助於抉擇（類似「天擇」）。Cf. Miklos Vetö, "Satisfaction and Decision: Understanding Whitehead's Notion of the Individual," *Archives de Philosophie* Vol. 64, Issue 3 (2002), pp. 479-502.

過程」（transduction）[15]概念。這不是個人的意志，並非因我判斷這對我是必需的，所以我走入這樣的生活；而是，就如你剛才說的，事件如何打造它自己需要的形體。也就是說，在我們的實踐和過程的許多階段，我們都必需重新共同構想，要如何與必然性不期而遇。有時候遭遇的必然真的令人沮喪，根本不符合我們期待或想像的樣子。這種面對必然性的方法，在技術、激發潛能的限制的落實上、及生產效果的設定上，既要求極端彈性，又要求真正嚴格。必須回到這個問題：預期利益是什麼？預期利益是如何打造的？哪些技術是可用的？這個特定的行動如何與其他發生中的行動共同創造？所有這些問題都有各自必然的過程。我們認為自己的研究，伴隨這些必然性在創造過程和技術，以便打造我們能接受的生存模式。

馬蘇米：

就美學政治而言，我們能有什麼作為？這方面我們談了很多。我們思考政治的美學性時，採取美學的廣義概念，例如談到「經驗過程」（process of experience）的例

---

15 西蒙頓的 transduction，意指個體形成的過程，主要指出個體和個體所存在的環境之間的共同個體化（co-individuation）。個體只是 transductive 過程的部分結果，重要的不是所形成的個體，而是個體化的過程本身。Cf. Matt Bluemink, "Gilbert Simondon and the Process of Individuation," *Epoché* Issue 34 (September 2020).

子。感官實驗室在做的，是經驗過程的集體實驗，作為事件的一種實踐。當我們把「美學」這個詞和政治連起來，很多人怒氣沖沖，因為他們認為美學是一種不設限表達的自由發揮。對我們而言，相對的，美學的概念立即與生活的必然相連。任何活動要激勵人心，必需有預期的利益。許多人被感官實驗室組織的事件吸引，原因是他們自覺在日常生活情境中飽受壓榨，無論是家庭或機構的脈絡。這並不是說，機構的脈絡沒有自由，而是說，抵抗的選項都事先設定了，由一致性模式來主導情境，幾乎沒有創造的空間。大家來參加我們的活動，都是因為必需感，是求生的問題。許多人覺得受挫折或受壓迫，不知如何繼續走下去，可能感到長期疲憊，或創造力枯竭了。他們的抵抗能量往往飽受打壓，因此在找充電的方法。這不是潛逃到自由抉擇和無拘無束的表達，而是生命的必需。回應這些渴望，我們所提供的不是毫無限制的環境。我們常說：假如什麼都可以，就不會有任何成果。我們設置的是激發潛能的限制，充滿詩意及過程性，把某些條件置入設計好的機制中，目的是讓創造性的互動發生，有點像組織性的即興。情境中的限制是正面的；受制約，但是我們期待會創造條件，使集體表達的過程開展，過程中可能萌發未曾預期的東西。我們希望萌發出來的東西會滋養更多的實驗，超越這次活動的終點，就像一種集體潛能的感染。對我們

來說，美學不是從生活脫逃，相反的，是參與生命必然的
不同方式。正因必然的元素、從始至終的集體過程性，這
種表達潛力的實驗才具有政治性。這是在演練「即將形成
的政治」（politics to come），姑且借用先前我們討論過的
德勒茲術語。

第六章

身體的能量
（What a body can do）

阿諾・博樂：[1]

　　昨天您和曼寧在維也納當代編舞及表演中心（Tanzquartier）舉行工作坊時，斯賓諾莎的名言「你知道身體有多少能量嗎？」，成為一個主要的研究課題。對您的哲學研究和您在感官實驗室的工作而言，這個問題有什麼特殊的意義？

馬蘇米：

　　我對這個問題很感興趣。我從過程哲學的角度討論這個問題，過程哲學主要是關心創造力：創造力來自世間何處，如何自我表達？斯賓諾莎這個著名的問題「你知道身體有多少能量嗎？」，回答很簡單：不知道。身體即興的能量，創新的能量，我們才剛開始探索。即使是有大

1　博樂 2013 年專訪。

213

腦的動物，有些身體能量不需要大腦存在、或運作時不靠意識的盤算；包括我們必須歸類為思考的能力。我最近一本書名為《動物給我們的政治教育》，討論到動物性與本能。[2]我特別感興趣的是，有些科學家和理論家堅持：沒有大腦的動物也有即興創發、甚至解決困難的能力。

達爾文自己就是一個著名的例子。他花了許多年，在自家後院觀察蚯蚓。他談到蚯蚓在從事基本功能時的即興創造力：例如必需封好自己挖的坑道口，把入侵者或濕氣擋在外面。他說，蚯蚓的行動有共通的模式，但是，即使沒有大腦，每隻蚯蚓都能夠即興創造新的解決辦法，來應付每個情境的突發事件。換言之，面對主題時蚯蚓會「發明」許多變化。他明確地說，這證明了蚯蚓有一種思考能力或某種程度的心靈功能（mentality）。

這對我來說有趣，因為指出了身體能量的一個面向：「身體會思考嗎？」如果你跟懷特海一樣定義心靈功能——超越現有的條件，帶來新穎性的能量——那麼，本能活動所展現的即興變化，就透露了某種程度或模式的大腦功能，即使是沒有大腦的動物。這種大腦功能的概念，打破了笛卡兒的身心二分，但並非只是把心靈和身體籠統湊在一起，也不是抹煞任一方。主要是強迫你重新思考，

2　Brian Massumi, *What Animals Teach Us about Politics* (Durham, NC: Duke University Press, 2014).

究竟該如何定義身體和心靈，如何分析清楚兩者的關聯性。

對懷特海而言，身體的物理層面對應的是過去一貫的行為，緊跟著過去同樣的路線，遵從同樣的模式；因此物理功能是遵從已經現成的格局。大腦功能的特色是超越已有格局，即興發明新的格局。請注意我說的是「心靈功能」，而非「心靈」。此處，心靈功能是一種活動形式，心靈功能起作用時並非與物理功能相反，而是與它並行、透過它作用，使它既存續又再生。

動物的每一個本能行為——什麼行為可說是不具本能基礎？——都必須有這兩種成分：心靈的與物理的。行為必須與兩者共同作用，否則動物的行為會徹底適應不良。假如本能無法按照自己的主題創造變化、發明新的伎倆和自己運作的新方法，那麼就只能以制式的方法來對環境做出反應。假如環境不變化，這就沒問題，但是環境永遠在變遷，因此動物的本能行為必須密切配合環境中的變化。本能的改變必須與環境的變遷同步。這可以定義為第一層的心靈創造，在身體的層次發生，是一種前思考（pre-reflective）運作，先於、並獨立於自我反省的意識。

博樂：

尼采的《查拉圖斯特拉如是說》描寫這麼多動物，也

許是想展現這個事實：即使我們過度人性化的心靈功能，也擁有前思考的生命形式？不是外在於人的，而是人內在的前人類生命形式，有時候幾乎表現超人的能量？

馬蘇米：

尼采的超人是人類重新認可自己的動物性。因此，是的，他的思考和你的說法很類似。

我在談本能時，是在談所謂的「超常態刺激」（supernormal stimulus），但我情願稱為「超常態趨勢」（supernormal tendency）。這個概念來自荷蘭動物行為學家廷貝亨（Niko Tinbergen, 1907-1988）早期針對本能的研究。過去認為，本能是由一種獨特的刺激觸發的，自動地、機器性地引發一連串的行為。廷貝亨想了解，究竟什麼確切的刺激會引發特定的本能行為。觸發行為的種種感知因素，他試著分離開來。他假定，應該有一種固定形式或格式化的組合，可視為是刺激源頭而分離出來。他很驚訝，發現根本不可能分離出某一種感知形式，作為刺激的來源。他發現，反應是面對連動性因素的——面對一整套互相牽連的因素，無法分離，而且並非先驗性地只限於任何感知素質。他的結論是，刺激不折不扣是連動性的，而且這些連動刺激的運作不按任何類似的原則。他達到這個結論，是根據他嘗試做的一些誘餌，有別於動物平常在大

自然中遇見的形態。然後他改變誘餌的特性，想看看哪些
因素是引起反應所需要的。他發現，沒有因素是不能變化
的，而最「自然的」模樣，事實上較不引起動物的反應。
廷貝亨自己談到反應的不同熱烈程度。反應最熱烈的，是
面對著扭曲變形、同時不只影響到單一感知因素的模樣
時——也就是說，面對經驗的連動場域各種變化時。連動
場域的所有扭曲變形，不見得會引起同樣的熱烈反應。最
能引起動物強烈反應的，是場域中強化的感知質量——例
如強化了對比。即使弄懂了這一點，廷貝亨仍然無法預測
反應，因為反應是即興的，某種程度是隨機自發的。他真
的不知道怎麼思考這個問題，因為這不符合他的理論架
構。他只能無奈地說，這是個永遠的謎。但是我們可以這
樣下結論：有一種朝向扭曲變形的趨勢，目標是體驗強度
的增強。這種趨勢是本能與生俱來的，因此本能的本性就
是在自己運作時，從經驗的隨機自發而創造變化。本能的
本性就是創造性的。

　　廷貝亨所發現的是，在本能的核心有一種發明的能
量，雖然他不願意承認。意思就是，創造力是與生俱來
的，內在於我們的本性。甚至可以說，我們在展現創造力
來超越現況時，最接近我們自己的動物性，最接近動物生
命的特性。這從基本上挑戰了理論家的趨勢：用適者生存
來定義動物生命，如同新達爾文主義者的主張。事實上，

挑戰了所有規範性的想法，提醒我們必須做更多的「超常態」思考——思考創造力如何超出典型，拒絕過去類似形態的限制。

如我先前提到，懷特海將過去事件與現在事件的一致性，稱為本性的物理層面。思考時必須根據兩個趨勢共同作用、或共同運作的現象。一方面，是現在到未來延伸的趨勢，與過去所發生的一致。這是動態平衡（homeostasis）的趨勢，釋放張力，回到均衡。另一方面，是朝向超常態的同樣強大趨勢，朝向超越本能基礎格局現狀的強烈變形，以及這些基礎格局對環境的適應——朝向新形態的發明。這方面的活動，懷特海稱為心靈層面。

對我來說，重點是不能分別思考這兩個趨勢；不是選擇的問題。心靈的與物理的不是對立的，而是共同運作的，是同一個運作的兩面，同一個操作的兩端，活動的兩個層面。兩者的共同運作變化多端，隨一連串事件而發生。

在事件之外定義心靈與物理功能，是沒有意義的。必須把兩者視為對比的層面或對比的活動模式，隨著每個事件同時發生。如果有這樣的了解，這就不再是心靈或主體的問題。心靈功能無法用一個名詞完全概括，也無法把身體看成是一個物質的東西，不能把它簡化成物質。要談

的是心靈層面和物理層面；心靈方面和物理方面；現有狀態萃取的抽象面，或延續現有狀態的穩定趨勢。如果去掉所有的名詞性思考，就剩下副詞性——事件的質量。

身體有多少能量的問題，如果說：「生命不就是答案嗎？」，回答是對的。但是必須把生命變成一個副詞：活生生地。關鍵是有活力或生命力。無所謂生命實質，生命不是一個物品。生命是事件的心靈和物理層面的匯聚，每次有不同的變化，總是獨特的情況，朝向世間差異性的累積運作，朝向隨機即興的新穎發明。懷特海認為生命存活於事物之間——事物如何連動，事物如何在事件中匯聚，都主要朝向新形態或個體萌發（ontogenesis）的趨勢。

個體萌發的趨勢運作，不能沒有朝向動態平衡的對比趨勢。生命不能總是活在極限中，如果總是推到強度的極限，創造新形態，生命就不能繼續存活。生命需要某種程度的穩定性，休養生息的綠洲，不能永遠雜亂無章地脫離穩定。生命必須找到立足點，為新的流變而緊急應變。也就是說，生命動態游移在心靈與物理層面之間，在一致性與超常態的多餘之間，在一個一個事件之間，在所有一起發展的形形色色因素之間。生命存活在間隙中，然而，我剛才說的超常態趨勢，也就是心靈層面，仍是主導的趨勢。生命在方向上有所偏好，否則它不會如此善變，我們也不會在大自然和文化中看見如此變化多端的豐沛形態。

博樂：

在工作坊中您聲稱，當代哲學家必須建立一種連動形式的邏輯，來思考這種「活力」，藉以解構古典形式的二分法邏輯？

馬蘇米：

再談談生命的問題，我會說生命不是一種自我存在（in-itself），而是一種自我超越（outdoing-itself）。換句話說，生命傾向於在實現新的潛能時，超越已經完成的潛能。如你所說，這個過程是連動性的。為了思考連動的重要性，我們需要一種不同的邏輯，因為傳統邏輯是分離性的。傳統上，基本的邏輯姿態是把X從非X分離出來，然後定義一些共同特點，證明某一個現成案例應該包含在X類別中。開始時排斥差異，繼而結束在一致性上，絲毫達不到超越自身的過程。能達到的只是一個穩定的思想結構，動彈不得。如果想要解構這種邏輯，必須要接受：以排斥中間成分的原則來運作是不行的——不是X，就是非X。但是也必須超越僅僅解構排斥性邏輯。必須要肯定一種更具包容性的邏輯，才能處理我說的「相互容納」（mutual inclusion）。一旦進入這個領域，會發現裡面充斥無法避免的弔詭。必須思考如何讓這些弔詭現象變得有創造力。在這種邏輯中，由於被容納的中間成分，除了X和

非X，還有更多的說法。

　　昨晚在維也納當代編舞及表演中心，我談到作為一種萌發的虛擬。我提出一個很簡單的視覺錯覺，叫做卡尼薩三角形（the Kanizsa Triangle）：三個角有黑色的圓圈，每一個圓圈切下一個角，合起來看好像暗示了一個三角形的三個角。於是你看到一個三角形，即使三角形的邊線實際上並不存在。我談的是：各自獨立的元素，形成了分離的複數，彼此之間沒有實際的連結，卻創造了條件，讓我說的突發效果出現；這是一種萌發的效果。它的出現無法忽視，自動進入你的視野，是一種立即的、無法忽視的某種形象，明明不存在，但是為我們的感知定義了情境的一切含義。這使得情境讓我們不得不看見根本不存在的現象：一個幾可亂真的虛擬三角形，也就是我在《虛擬假象與事件》中所說的「虛擬假象」。三角形是虛擬的，因為並沒有真正的邊線連結三個角。雖是虛擬的，但出現了。三角形雖然是虛擬的，但也是真的，假如所謂真的就是有能力堅持自己存在的東西；無論如何我們也必須接受它，因為我們無法不看見它。這個虛擬三角形的以假亂真，定義了情境：不可見，或更普遍來說，不可感知的，如何可能會成為事件的特性。即使這個效果是可以預料和重複性的，在這種情況下它還是有新穎性，因為這個閃閃爍爍的三角形，我們明明沒看見，卻看到了；每次出現都可說是

新鮮的。它的堅持出現讓人驚訝。

圖6-1：卡尼薩三角形

　　昨天我談話的重點是，不能把多元性的邏輯從一致性的邏輯中抽離出來，因為一致性萌發於多元性。當連動性的事件跨越形形色色成分的分離現況時，多元性就凸顯出來。各切了一角之後，三個圓圈之間就有事發生了。三角形浮現出來，填補了圓圈之間的距離。三角形的出現，既展現了三個圓圈的分離，也展現了三角形自己的虛擬現實；是我們看到、但不是真正看見的東西。三角形展現了它自己的突發效果，一致、不可分解、立即又無法忽視。

　　我是在嘗試說，同時有兩種邏輯在發生。兩者總是一起出現，但你會關注一種，而忽視另一種。例如，你可以數一數這個虛擬三角形的邊線，但是一旦這樣做，你不會經驗到這個突發效果的立即性。你沒有體會到三角形萌發的訝異：這個三角形雖然不存在，你卻不能不看見它。同一個事件的分歧和統一層面，有一種相互牽連、或共同

牽連。要了解事件，必須用這種邏輯來顯示：不同層面如何共同創造，如何相互容納在同一事件中。假如讓統一的和分歧的、萌發的和現況的彼此對立，你就錯過了事件。突然出現的三角形，是分歧性正在形成的統一。沒有這種分歧，三角形就不會存在。分歧性提供了三角形出現的條件，但是這種萌發不能簡化為兩者之一。

　　這是一個很簡單的例子，某些方面也很有限。你還是可能會以物理的和心靈的對立來思考這個問題。例如，你可能將物質條件——頁面上的油墨或螢幕上的像素——和主觀效果二元化。但是，即使這個簡單的例子，還是比起這樣更加複雜，因為三角形萌發的條件，延伸到三個角的感官結構所包裹的其他因素中：我們身體填補縫隙的傾向，尤其是身體可能天生對類似三角形的柏拉圖形象有興趣。對這個三角形事件而言，若沒有非感官性因素的貢獻傾向——展現為非感官性的三角形結構——這三個角的物質性可能毫無意義。這個三角形是非感官性的，因為它的邊線本身並不吻合任何的感官性輸入。我們通常將物理的分離出來，以對比心靈的或主觀的，事實上兩者總是縱橫交錯，總是彼此包容——兩者總是錯綜複雜地相互容納。

　　當我討論到超越排斥中間成分的邏輯，進而走向一個相互容納的邏輯，我是在談這種交織纏繞：被容納的中間成分、心靈性與物理性的交錯，是活生生效果的個體萌

發的必要因素。

這種相互容納的邏輯，既非分離的多元性邏輯，也不是動態的統一性邏輯——即統一性的虛擬表達——而是兩者交錯互涉的邏輯。這和伯格森所說的純多元性（pure multiplicities）有關，和多元性不同，也不是意指一整套可計數成分的分歧性。根據伯格森，有些現象就是質量變化的不斷翻新，這些變化積極地彼此滲透，在過程中相互容納。我們無法分離或計算這些變化，因為它們彼此吸納、重疊和混淆不清的區塊太多了。由於翻新如此快速，以至於無論何時你都無法確定某個分離的圖像是統一的單元——像卡尼薩三角形那樣明顯是一致性的圖像。

伯格森認為，這些變化的質量多元化代表不同的趨勢，這個概念我覺得十分有用。他指出，這些趨勢的互相連動，不像物品的互相連動。物品是彼此對立的，不能占據相同的位置，彼此相互排斥。相對的，趨勢可能會衝撞，但即使是衝撞，還是能參與彼此，就像愛與恨可以彼此混合。趨勢可以彼此滲透，但不失自己的本性。每一個趨勢的特性就是它發展的模式或節奏，伯格森稱之為「主題」（theme），類似音樂的主題。他的概念是，在一個經驗的初期，在前思考的層次，也就是思考剛剛開始、還不能脫離身體的層次，此時多重的趨勢就啟動了，正是彼此互相滲透的狀態。這是各趨勢的相互容納，各趨勢已經啟

動了，但尚未發展。但啟動時，所有趨勢都聚在一起，互相振動干擾，彼此激盪急著要表達自己；這就是我說的純粹活動。結果所發生的，就是這種純粹活動張力的解除。一個主導的趨勢可能最後會自我表達，也有可能在激盪中萌發了一個新的趨勢。即使是一個主導性趨勢的自我表達，也可能因初生的陣痛而扭曲變形。只有在解決出現時，多元和統一性才會顯現出來。趨勢的多重性自我表達時，可計數的成分和突發的統一效果同時發生。因此，此處的邏輯有三個層次：趨勢的多重性（質量不同的活動模式，無論時間上、空間上都無法單獨分離）；多元性（由獨立、可計數的成分組成的多樣性，是空間化的）；這些成分的統一（一個虛擬的突發效果在空間中出現，但不占據空間，以一種永恆的圖像來填充時間，如我剛才用的例子，就是一種柏拉圖的理型）。

每一個事件都有這三種層次，最後一個層次——虛擬假象的實現——就是事件最終的特性，顯示事件究竟是怎麼一回事。再用一次同樣的例子：突發的效果在宣告，「這是一個三角形的事件」。如果換成更複雜的事件，就必須找到更複雜的對應方式，來討論什麼樣的永恆虛擬現實可賦予事件特性。柏拉圖的理型只是最簡單、最有限的例子。我昨晚的演講已經介紹了一種翻新的「價值」觀念，來討論這個問題，現在不必進入細節。

我此處一直在談的相互容納邏輯，是質量差異的邏輯，以活動形式（趨勢）為對象。這不是實質意義上的客體，也不是主體——不是事件發生時可以單獨分離出來的能動者。有如尼采所說，行動者和行為是不可分的。這種邏輯的目標之一，是顧及數量化層面——可計數成分的多元性，但把它看成是質量流變哲學的一部分。

博樂：

在衡量這類事件時，這一點造成很大的問題，因為不能將事件簡化為計數的系統。不僅僅是數量的問題。

馬蘇米：

基本上是無法衡量的，即使事件中有些可衡量的因素是不可或缺的。回頭想，許多促成因素都可以衡量，但是只有在這些促成因素變成不活躍時，或可以視為不再活躍、是事件已過的痕跡時，才能衡量。就像剛才我提到，計算三角形的邊線會抹煞事件的生動性。在計數的時候，就不再經驗到這種生動性，這種突發效果的驚訝。

博樂：

所以，只能在事後才真正看到可衡量的促成因素……

馬蘇米：

　　是的。事件中已經有可計數的多樣性，但這種多樣性的存在只是潛能，因為看見一個三角形暗示的是三條邊線的存在。但是我們不是看到側面的三條邊線，而是看到三角形的統一性，結合了三條線在自己的一致性中——多元性包容在效果萌發的一致性中。效果本身是不可數的；主要是事件質量的獨特性，其次才是三角形的統一性。我的意思是，三角形的「統一性」有別於計數時的一；並非接下來就是二的一，而是進入事件的一切最後敲定的一。一旦突然出現，這個三角形的統一性就容納了可看見的三個角的多元性，加上進入純粹活動層次的非感官因素的多重性。

　　因此到最終，三角形的統一性是超越數字的，也超越了事件的邏輯衡量，因為這個三角形不該真的存在，而且事實上不存在；是額外的，過剩的，是剩餘價值。事件的質量特性帶來活生生的價值，但最終就是剩餘價值。就純粹活動方面而言，作為各種趨勢的相互容納潛力，是超越數字的，意思是不能將這些趨勢彼此分開，然後計數趨勢有多少。因為除了個別的趨勢，還有趨勢之間的模糊區塊，對應著趨勢彼此的交錯涉入；還有騷動中的趨勢翻新時的過渡之趨勢；更別提在整體錯綜複雜之中可能醞釀的新趨勢。隨你怎麼計數，但是永遠會有更多——是一

種剩餘或提醒。無論在事件哪一端，在事件萌發時或最終定性時，都會更豐富——也就是德勒茲所謂的「額外存在」（extra-being）。這使世界明顯的不對稱，也因此使世界持續活躍，使世界不均衡（off balance）。流變的收支表（balance-sheet）永遠不會完全均衡。最終的盤點永遠是個開放性的問題，因此，世界永遠能讓人驚訝。

博樂：

　　一旦我們進入一個某種情境的房間，立刻有一種前思考的生命力，強迫我們處理房間的狀況，遠在我們開始自我反思之前。請您談談這種能力？

馬蘇米：

　　昨晚我重提，伯格森如何描述走入一個房間演講。當然，這種活動他早就很熟悉。他知道所有心照不宣的可能變數，不假思索；由於這些變數在他已經是徹底根深蒂固，因此是前思考的作用。然而，每次他打開門走進房間準備要演講，他都會感到驚訝。每次狀況都有點不同，每次都有特殊的感覺，原因是人群的組合成分、他們如何呈現自我形象、他們剛好陷入什麼情緒中——也許是當天的時間、或甚至是天氣。每次他都走進一個連動場域，都各有特殊徵象、特殊的情動力調性，即使接下來即將發生的

演講活動是他十分熟悉的。一旦跨入任何事件的門檻，你就進入一個顯得有些新鮮的連動場域，無論場合多麼老套。幾乎所有的事件都屬於某個類別，事件天生都是系列性的。既然每個事件都屬於某個系列，因此都具有各自類別的預設，立即就啟動作用，就像我們一跨入門檻就啟動的標準設定。但是事件絕不能簡化成與這些標準設定一致。從另一個角度看，這些在作用的預設是必須的，能激發進行中的差異性——就如各種音樂類型的結構是激發即興創作力所必須的。進行中的變化，甚至可以使類型跨越極限，此時一個新類型可能會萌發，例如爵士樂的例子。當變化維持在標準類型認可的範圍之內，還是有活化的作用：讓類型持續扣人心弦，即使是不斷複製之後；也讓類型在延續本身系列之時，持續創造變化。

即使是預先公式化最完善的事件，也有翻新和變化。這點很重要，因為這將預設的概念——也就是前思考的標準設定，一旦跨入事件的門檻就啟動了，形塑了我們的行為——和我剛才以趨勢的概念所說明的潛能多重性連結起來。我覺得最有用的預設理論來自法國實用語言學家杜克羅特（Oswalt Ducrot, b. 1930），他認為語言的預設場域，是語言行為中非語言成分積極參與的場域。他舉了一個很簡單的例子，說明跨入場域那一剎那。你進入場域時，不知道場域中已經被占據了。突然間，你發現自己正

面對著一頭公牛，在農地圍場那頭緊瞪著你。杜克羅特說，一跨入情境的門檻，恍然大悟之時，就觸發了潛能場域。在有時間思考之前，你已經打量評估了公牛的情緒。沒有真的一步步盤算，你已經估算出來你離門口有多遠。意識恍惚中你注意到，到底地面是否有爛泥、是否很滑。你已經假想公牛會從哪個方向對你衝過來，你可以往哪裡跑以便對應。整個潛能場域闖入了你的生命，包括潛在的行為動線、啟動或破壞這些行動的條件。一切都在一瞬間發生，比有意識思考的最小瞬間還要小。回想時你描述整個事件，可能這樣暗示：透過歸納性的觀察，你終於意識到情況的特性；或者你推論什麼是最好的行動方針。但是實際上你並沒有這樣一步一步地進行這些邏輯操作。一切發生得如此之快，以至於根本沒有時間做邏輯思考。一切突然同時發作，既非推論，也不是歸納，而是普爾斯所說的「直覺判斷」：才剛剛感受到就立時領悟。這不是邏輯的運作，而是生命的運作，是事件現場層次的活生生經驗。這不是你保持距離回顧事件，而是事件透過你的身體來思考。

因此，當人生奮鬥之際，每次你跨過一個門檻，就進入一個接一個預設場域。事實上，每個場域都是一連串共涉或相連的潛能質變——改變生命輪廓的潛能運作。你從一個情境過渡到另一個情境時，就進入一個個相互容納

的許多可供選擇的潛能，一起自我展現成一個整體，形成一個獨特的連動環境。這在你意識到之前，就已經發生了──或者你靠直覺判斷已經知道了，在意識感知到之前就已經積極參與。在你反思歸納情境之前，你被吸入情境中，幾乎像是被徵召上戰場。情境徵召你進來，某種程度你的參與場地的總體外觀已經限制了你。你是受限的，因為連動環境容納的積極潛能受到了情境的限制。但是永遠有或多或少的自由──正因為現場景觀呈現的是可供選擇的潛能，而非既成事實（*fait accompli*），不到結束不會有結果。有好些事可能發生，你自己的行動、公牛的行動、或偶然因素，都可能調節了場域的潛能局面，進而改變了進行中的預設。即使是你一個隱微的態度、最微妙的動作，都可能改變公牛衝向你的姿態。你可能採取好些行動，但你沒有時間停下來考慮現場狀況。你的行動就是抉擇，你的舉措就是定奪。

即使你的行動調節了潛能場域，終究是事件本身透過你的身體思考；你行動於這種身體思考中，也按它的指令動作。我在《經營終結後的能量》（*The Power at the End of the Economy*, 2015）書中討論這個問題。抉擇永遠是你和情境因素的協力任務，包括非人類的因素，例如公牛和爛泥。這種抉擇牽涉到兩種層面，包括心靈的與物理的，我們早先已經說明了兩者的定義。根據這些定義，所

涉及的心靈活動與物理活動並不按傳統定義而二分；心靈活動並非完全你獨有。假如心靈活動的結果會超越既定的狀態，那麼你和場域的遭遇所激發的潛能，就是「心靈活動」。公牛、爛泥和牛欄的柵門，和你的主觀狀態參與情境心靈活動的程度相等。詹姆士在提出有關意識的問題時，簡短有力地說明了心靈活動的分享性（distribution）。他不是問：「我說意識到一支筆，是什麼意義？」反而是問：「一支筆，有什麼意識？」此處是指他用來寫字的工具，但是，這個例子的意義，連結到不同定義的pen（牛欄），也是通的。

博樂：

　　昨天您結束演講時，談到虛擬，高度讚美關懷為一種美德。即使美德這種生命的額外存在，也不是在現實情境之外發生的，而是內在發生的，來自於情境本身的虛擬潛能？

馬蘇米：

　　昨晚在談話中，我試著發展懷特海的概念：關懷或關聯是事件的一種質量，不能簡化成主體的內在。假如這是正確的，那麼你必須能在每一個事件中找到某種形式或程度的關聯——即使是實際上不存在的三角形，竟然出現

的事件。三個圓圈各切了一個角，變成了三角形的三個角，原本是三個單獨的成分。這三個角本身，是獨立的元素；它們本身是獨立物的單純分離的複數，彼此沒有任何關聯。這三個角互不相干，除了相似——這是我們作為感知主體，從它們的層面（plane）外部做出判斷，加到它們的分離性上面的。然而，在事件中，我們和這三個角是在同一個層面上，也就是事件的層面。我們專注在三角形的出現上——從三個角的差異性中，統一性突然冒出來。一旦三角形萌發，立即就展現了一種關聯性，這種關聯性是三個角本身的單純差異性不具備的。當三角形頓時出現，就表達了一種關聯性，這種關聯性是三個角本身的單純差異性不具備的；只有在這三個角超越自己顯示出虛擬的三角形時，這三個角才產生關聯性。這個功能不是來自三個角的彼此相似，而是來自它們之間的距離——它們之間的差距。三角形擁抱這種差距，或領悟到這種差距，姑且借用懷特海的語彙。這種突然萌發的領悟（prehension），[3] 使得三個角彼此關聯。在三角形浮現的事件中，三個角彼此關聯；它們的彼此關聯性，事實上出現在三角形的虛擬形式中。你可以說，這是某種模式或程度的關懷，也可以推廣這個概念：每當各個成分因產生的效果而凝聚起來，

---

3 Prehension 是懷特海的哲學用語，意指主體與事件或實體的互動，牽涉到感知（perception），但不一定牽涉到認知（cognition）。

超越了它們的單純複數，就萌發了一種關聯性，讓分離的成分立即彼此關聯。這可以應用在任何事件上，世界任何地方，物質或思想的任何層次，任何中介的所在。關懷或關聯永遠是事件發生的一個因素，甚至是人類感知者缺席的物質性事件──甚至無關人類感知的問題。一個原子「領悟」到組成自己的亞原子顆粒，原子的統一性就是這些亞原子顆粒終於彼此關聯的表達形式。懷特海甚至說，關聯是世界的「終極因素」，而非人類主體的內涵。

博樂：

聽起來很像海德格！

馬蘇米：

也許……我希望不像。我不確定海德格會像懷特海一樣，把問題深入到非人類世界、遠離語言。無論如何，回到難以釐清的人類層面。關懷是連動的統一性終於萌發的途徑，使得促成元素的差異性彼此產生關聯，這是這些促成元素本身做不到的。關懷也讓我們有義務跟事件產生關聯。由於促成元素彼此的關聯，這種義務也成為我們的。假如這種關聯性是事先存在的，你就處於完全不同的倫理及政治領域──處於已經是結構性存在的領域，具有既定的需求和偏好，也就是有助於利益和意識盤算的領

域。或者說，你就處於先驗的道德責任範圍內。無論如
何，這種關聯性是你主觀地投射到事件中的。這不是發生
在你身上的——有雙重的意思：一方面把你吸入事件中，
一方面萌發一種領悟。懷特海的關懷概念不是主觀性的，
而是個體萌發的領域，是心靈性與物理性合作產生的流
變，是事件中同時進行的兩個層面，穿越了主體／客體的
劃分，就如剛才談到心靈活動的分享性時，我說過的。

　　姑且不談三角形的三個角，讓我們舉另外一個例子：
一群人在房間裡討論政治問題。假如你個別考慮每一個
人，那就屬於利益的範圍。每個來參加討論的人，都帶來
各自的既定立場和優先事項，在討論中就代表這些利益。
但是他們不只帶來這些，也帶來各自的傾向和慾望——
簡言之，帶來各自流變的潛能。個人的流變潛能，不一
定完全符合已體制化的個人利益，也不一定符合各自的利
益——根據一般理性或實際標準的狹義說法。因這一群人
的聚集，可能有別的事發生在他們身上。他們各自原本的
想法，可能會因萌發中的場域潛能而調節——面對問題
時，採取了他們各自絕對想不到的角度，走上從未呈現的
行動路線。只要這些新穎性作為集體互動的功能而出現，
涉入的眾人就都從自我脫穎而出。他們超脫了作為個人的
單純多樣性，融入彼此的關聯性，這種萌發把他們全都凝
聚在一起。就像三角形從變成自己三個角的差異性和多樣

性中萌發一樣，這種政治上單獨個人的關聯性的形成，萌發自他們各自傾向和慾望的差異性。

因此，在人類政治和倫理的層次上，關懷的要件是潛能的共同創造，朝向相關群體的額外存在而萌發，一種比個人更豐富的群聚表達，形成了一個眾人所集體擁有的連動性環境。「比個人更豐富」（more-than-individual）是西蒙頓的說法，我們一直在討論的潛能場域，他稱之為「跨個人」（transindividual）的場域。從這個角度來看，政治是連動場域的跨個人調節，而非主觀觀點或個人利益的代言，甚至不是團體利益的代言。利益是錯誤的概念，出發點是隔離，又沒有超越分歧的工具。利益的本性就是分歧的，我們也見證了分歧在日常造成的政治後果。

利益的概念，前提是一種價值觀念——將價值簡化為工具性的目的。現在我們可以回到價值的問題。此處我一直在描述的方法，提出另一種價值觀。任何賦予情境特色的，都可稱為價值——任何綜合事件特殊性的，都累積了情境結構上的差異、張力和趨勢。可見又不是真正見到的虛擬三角形，是一種視覺價值，總結了這個視覺事件。在更複雜的情境中，例如政治脈絡下人群的互動，價值就在於活力的特殊性；這種生命力在此群聚中，自我表達為事件的生命情動力。這種生命力具有價值，或者就是價值本身，因為它以一種萌發的形象，總結了趨勢的匯聚。這

種匯聚而萌發的過程，是新增給世界的一種可供選擇的趨勢。一旦是價值，就潛能而言，就永遠是價值。價值不僅是反映事件的特性，更變成事件發生的關鍵因素——事件展現了潛力，而潛力把事件帶往無數接續的事件。價值一旦萌發，就是持續吸引其它未來事件的種子。所謂生存的價值，就是這種向前牽引的吸引力，使得群聚表達的模式層出不窮。

生存價值是生命額外的價值，意思是攜帶著一種額外存在的能量，一種流變的能量。生命的額外價值永遠是集體的，但並非意指一群可計數人群的單純群聚。所謂集體性是就真正跨個人的意義而言；事物靠著它們啟動的潛能，進入超越數字的彼此連動，在共同行動中，它們的差異性形成了動態的統一，超越了自己。集體性不只是人群的聚集，而是共同個性化（co-individuation）。因此，西蒙頓總是談集體個性化的概念。

博樂：

您似乎從一個不同的角度來重新思考政治性——強調共享分歧場域的潛力，這些潛力是在事件中實現的。也就是說，我們必須放棄自我中心的概念，以跨個人連動場域的概念來取代之？

馬蘇米：

是的。我們共同參與生命。然而，不必放棄自我關懷，只是要放棄自我中心。為了強化自我與他者的生存能量，我們必須把自我關懷植入連動的流變之中。共同的個性化就是相互連結的流變，透過這種流變，凡個人在參與超越個人自我的事件時，都增強了額外的存在。因此，情動力的概念，比起利益的概念更為關鍵。形成集體個性化的差異、張力和趨勢，是一感一應的能量，共同創造來形成相互激發潛能的複雜場域。以情動力的方式來思考，意指透過這類概念來思考：潛能的生態、表達及變化潛能生態的事件。

這就改變了「關懷」這個詞彙的意義。你真正關懷的不是你單獨個人，也不是其他個人。透過對事件的關懷，你兩者都關懷，如同曼寧在她的研究中所說。關懷事件，就是關懷連動場域本身，關懷場域中醞釀的事件結果，就我剛才談到的概念而言──是一種超常態的張力，最終結果是為所有參與者創造生命質量性的剩餘價值。生命的剩餘價值並非理所當然，也不是找得到的，而是創造出來的。這種創造性，讓對事件關懷的政治思考，多了美學的層面。這也意味，調節連動場域是有技術的，在思考或實踐這類連動技術時，有別於個人的表達技術，也有別於團體技術──我們通常認為政治活動，例如辯論和協商，就

是團體技術。政治表達和利益協商的主要技術，是相互影響（interaction）的技術。如同我在《虛擬假象與事件》中的分析，相互影響和連動性（relation）大相徑庭。一方是個人的相互影響和溝通，相對的是跨個人和個體萌發。我們必須鍛鍊連動的技術，創造在政治和美學交疊中萌生的文化。

這影響到我們如何思考自由。透過連動性我們才能獲得更多的潛能，加強我們生存的能量。自由從來不是個人的，自由的本性就是連動的。

博樂：

於是，我們回到了斯賓諾莎和身體的創造性。身體真了不得，能感，又能應。

馬蘇米：

正是。一種身體能量。

且作結論

　　如同本書的作者序言指出，本書的目的不是提供解決問題的處方，而是提出比較好的問題。所謂「比較好的問題」，是這樣的：提供大家一個翻轉點，讓個人繼續走各自的道路，探索各自的途徑，讓自己未來的經驗充滿張力。一個「好的問題」則是如此：以不確定性作為功績徽章，作為邀請參與及激勵人心的象徵。這種問題有如一條繩子自己擰轉，將自己兩頭合打成一個誘人的結，像一條緞帶綁在禮物上面──這個禮物就是過程。前面收集的所有採訪，都受到許多作者和採訪者的思想啟發，他們贈送我的過程禮物不僅是誘人；這些禮物是生命的工具，生存的資源。希望這本書能繼續傳遞這種禮物，無論多麼微不足道。

　　對情動力和情動力的政治意涵，有許多一再的誤解。這些誤解如果不留心、不阻止，要送人的禮物還沒從盒子裡拿出來，價值就貶低了。用心的讀者在閱讀這些採

訪時，會留意到這樣的誤解是多麼離譜。以下表列了最明顯的這類錯誤概念，姑且作為本書的結論：

情動力是個人的

情動力其實是跨個體的，就個體萌發而言，情動力早於這種區別：個人究竟是單獨的單位，還是單獨的單位所聚合的集體？情動力是「集體的」，意思是情動力在集體個性化中表達了自己。所謂集體個性化，就是萌發中的群體——由於在過程上個體跨越了彼此的差異，形成了有距離的聯繫。

情動力是非社會性的（asocial）

以此推論：情動力必須透過中介的機制才能變成是社會性的。事實上，由於對感受力具有開放性，情動力是直接連動的。這是純粹社會性（pure sociality），意思是社會性剛萌芽時的開放性，隨時可流變成任何社會形式和內容。這種隨時可流變不只是一種消極可用，而是一種趨向成形的積極壓力：對自己的結局和最後的個性化有一種慾望，是一種尚未定奪、等待定奪的決心。是一種趨勢：一種追求結果的決心，不僅是自我表達的慾望，而且是一種重複嘗試，每次都發生不同的樣貌，至少略為不同。情動力絕不是非社會性的，而是社會性不斷變形的持續能量。

透過實際發生的一連串機遇，情動力逐步為最後的表達定調。情動力演變中的社會性表達，關鍵是事件的立即性。事件彼此連結，形成事件系列，描繪了反覆出現的系譜。唯有在事件中和透過事件，趨勢才能系列性地表達出來。系譜中每個事件反覆出現的，是這種演變成形的即時性。情動力就是社會性的持續調節。

情動力的社會性表達屬於群眾心理學

對群體心理學而言，集體只是個體群聚後融合為難分難解的岩漿一塊。一般認為，這只會在社會化機制的調節失敗時，才會發生。這種概念的前提是，個人的身體承載了生物性衝動，基本上本性就是非理性的，必須以文化來限制或提升。情動力挑戰了這整個複雜的概念。作為純粹社會性，情動力本性是跨個人的。然而，「跨個人」和群眾心理學意義上的「集體」，並非同義詞。相反的，情動力在連結性的差異中自我表達。情動力本身是高度差異性的，彼此包容潛能的各種差異性。最後，情動力不屬於心理層面。跨個人、直接連動、隨時變化多端，情動力從心理主體內部的四面八方漫溢出來。心理是情動力表達的一種獨特模式，將情動力個性化。群體心理是這種個性化的邏輯後果：一旦個人的內部建構之後，情動力漫溢出了內部的歸屬界線，只能看成是反差異化的融合力。即時

觸發情動力的過剩潛能，可使情動力成為社會性成形的能量，但是卻被誤認為像岩漿般缺乏形狀。

「情動力的自主性」意指個人與社會的疏離

事實上情動力的自主性是指這個過程：急著表達的過剩潛能，在每次定奪成形後，剩餘下來，又重返去形成下一個表達。自主性指的是這種過程。情動力的自主性在於讓潛能自我翻新，目的是讓形成社會能量的自我表達，持續不斷繁衍變化。

情動力屬於「原始的經驗」（raw experience）

沒有原始的經驗，所有的經驗都因先前的成果而成形。先前去的成果如何促使繼起的表達成形，永遠要看潛能如何進入情境，形成什麼變化。潛能進入、穿過情境的曲線，總是因十分特殊的機制而立時隨機調節。主要的機制就是「直覺反應」，形成了潛能的場景特色，其中新來的事件在初生的萌動中，緩緩迂迴行進。直覺反應是「當下體驗的假定」（lived hypotheses），是思考實踐的立即當下，也就是說，感受和思考一樣直接。直覺反應是進入當下情境的思考／感受，充斥各種互相競逐的趨勢和選擇的方案，直覺反應的實踐性讓它們夠格算是態度。思考／感受是試探的態度：召喚潛能，承載選項。因為是姿態，直

覺反應的實踐是有格調、有技巧的。情動力天生就已經是
技巧培養的。

情動力是天生的（natural），不是培養的（cultural）

情動力是培養出來的天性，培養跟天性是並存的。
在人類範疇以外的世界，就塑造成形活動而言，天性原本
一直是「技術性」的。天性是一種天生自發的過程，本身
就充滿試探的姿態。例如身體的軌跡，不就是試探未來定
位的實踐？

情動力是百無禁忌

情動力總是受限制的，它的表達在實踐的時候，總
是選擇性的。每一次機遇的情境，都限制了潛能的實現。
情動力的表達，絕非甚麼都可以，而是需求性的表達。重
點是，表達的總是創新的需求性，不斷驗證變化的定律：
世界的核心是靈動不安的，永無靜止。對有創意的變化而
言，限制就是潛能的激發；如果沒有地心引力，舞蹈不可
能有創造力。情動力假定需求性的存在，真正的意義是要
挑戰需求性。情動力挑戰需求性，目的是從需求性提煉出
創造力的剩餘價值。

情動力是「感覺良好」(feel-good)

這種想法是誤解了斯賓諾莎的「享受」(joy)概念，情動力理論經常引用這個概念。斯賓諾莎所說的享受，意指情動力機遇的張力。而這種機遇的張力，意指生命力的增強——透過機遇發生的感覺、行動和感知能力的增強。在這種意義下，享受和正面情緒(positive emotion)並非同義詞，不是「快樂」(happiness)，並非意味獲得滿足。這類「享樂主義」(hedonic)的區分，根本不能用在情動力上，而是用在情感(emotions) 上：只掌握了情動力的心理層面，我們認定的個人主體的內在。情感上主體自我感覺良好(或不好)，以想像的內在為個人的避難所。情動力是向外面世界探索的，本性就是向冒險開放，而冒險總是涉入艱難。不肯定這種艱難，就不可能享受冒險，真正的意義就是創造性地挑戰冒險。

情動力是善的(good)

就一般理解的倫理而言，情動力是中立的，因此情動力必須有自己的倫理觀。就現行的倫理標準來看，情動力既不是善，也不是惡。情動力的倫理沒有規範性的價值觀，而是價值的重新評價。情動力承認規範的存在，唯一目的是在流變中超越規範(包括規範體系的流變)。無論這種重新評價是否符合願望，情動力都不是處方，而是承

諾前景，它承諾的是張力。就政治判斷的標準而言，情動力也是中性的，可以是法西斯或進步的，反動的或革命的，完全看跨個體慾望的走向，如何試探性地被召喚入行動中。情動力的評價，牽涉到這些趨勢的走向。這種評價沒有能力開處方，不能用來判斷方向是否合理，而是一種診斷，描繪出機遇的前景。這種診斷是試探姿態的變化多端層次，包含在實踐中。因此，情動力的倫理是經驗性的，在實踐技術的層次上運作，和所有技術一樣，靠試誤來鍛鍊。根據情動力的跨個體本質，如果這些技術在試探上是集體性的，在效果上也必須如此。

情動力屬於身體，有別於心理的或心靈的

這是情動力與情感的區分經常引起的誤解。假如情感是主體內部掌控的情動力，那麼，以此類推，情動力一定是客觀的，有別於情感的主觀。情動力理論一直關注神經生理現象，尤其是那些證明經驗無意識層面的現象，這是對的，但是卻因此加強了這種錯誤的對立，彷彿意指情動力屬於身體器官——亦即大腦——的生理功能。情動力的確屬於身體，但是此處的身體是延伸的意涵。情動力身體的延伸，首先是指不限於大腦，而是延伸到整個身體，透過肌肉的神經支配。身體涵蓋非意識性的「身體知識」（body knowledge）：習慣、反射作用、本體感

覺（proprioceptive）系統、自發神經系統的許多功能，包括腸道神經系統或「腸—腦」（gut brain），還有無數的次臨界點經驗或微感受，填滿了身體的每一個動作。這些身體知識形成了反饋的循環，持續地變化整體經驗。這些身體知識自身並未上升到意識層面，但塑造了我們的思考／感受。情動力的身體還延伸到更激進的意義：包括一般認為屬於大腦的活動模式。例如，習慣就是推廣的能力（在不同的事件之間產生類似的運作，而在某種程度上所有事件都是獨特的）。從經驗的非意識與意識層面之間複雜的反饋，新的趨勢興起了，而這些趨勢又形成未來活動潛力的實踐試探。情動力理論不會在狹義的物理意義上，把心靈簡化為身體，而是主張：身體在感受時就思考了，和身體的動作在同一層次上。如此就把思考帶出心理主體的內部，直接帶向世界：在連動性機遇的共同運動中。假如我們接受休姆對心靈性的定義——心靈性是超越現狀的——那麼，每個身體性的事件都與心靈性同步。每次行動具有的心靈性，都和它令人驚奇的能量成等比。這種能量，在天生—後天的連續光譜中有不同的變化，但絕不會完全缺席，即使我們認定是「愚蠢」的、物質性的機械運作（如同混沌理論的確定性規律所充分顯示）。情動力理論必須重新深遠評估身體的能量。我們一般說的「心靈」，把身體的能量簡化為反射意識的範圍（如同神經心理學已充

分顯示，這種反射意識永遠伴隨剛萌芽的幾近臨界點的行動，「映照」（mirroring）當下的思考；這點，在發現鏡像神經元（mirror neurons）之前，過程哲學和情動力理論早已明白，稱之為「再實踐」、「萌芽中的行動」及「重新啟動」）。這類概念，例如「思考／感受」、「非感官性感知」、「非意識性經驗」以及「純粹活動」，用意都在處理這種廣義的過程概念中，身體的複雜性。這類概念說明了身體自我延伸的定義中，永遠包括抽象性（即超越現狀的特性）。情動力絕非意味物理性的簡化，而是主張，每個身體事件都有一種延伸的心靈特點，懷特海稱之為「心靈層面」。

情動力是前語言的

語言的任何行動都牽涉到情動力的表達。任何決定性行動，包括語言的行動，其基礎條件都是情動力。情動力最恰當的前綴詞是「基礎」（infra-），「前」（pre-）則意味著時序。但是情動力總是跟隨著，與潛能的軌跡並行。「內在於」（intra-）也不準確，意味著空間和範圍（源自拉丁文interus；在內部）。相對的，「基礎」則意味著在開放結局的光譜中，活躍地潛伏在某個萌發現象的臨界點之下（就像「紅外線」infrared，溫暖但不可見；源自inferus；在下方）。萌發現象的臨界點意味著一個轉戾

點——光譜在本質上改變了,同時又保持它結構漸變的連續性(就像紅外線逐漸進入光譜可見的區塊,這也是本質上的改變——熱度變成光線)。情動力和語言不是互相悖反的,兩者互相陪伴、流變,永遠牽涉到經驗漸變連續性的完整光譜。經驗連續體的非語言層次,並非與語言層次對立,就像紅外線並不與紅光對立;兩者是相互陪伴的(就像紅外線照相機所顯示)。經驗的基礎語言註記,伴隨著語言表達;同時(此處紅外線的比喻就不成立了),也透過非意識及意識層次之間的複雜回饋循環(如前所述),接受過去語言經驗的塑造。然後,輪到這種基礎語言註記以直覺反應的思考/感受潛力,塑造語言表達,而語言行動會以自己強大的抽象方式,探索性地彰顯這種潛力。經驗的基礎語言註記,塑造了語言調節事件心靈層面的能量;啟發、煽動語言超越現狀的獨特能力(即虛構的能力)。此處表列的有關情動力的錯誤看法,說明了許多二分概念的誤謬,同樣的,語言和非語言的關係也應該如此理解:潛能漸進的延續,由各個臨界點間隔,一旦越過各個臨界點,表達自我的行動模式就產生質變。情動力無關對立,而是處理質量的變化:同一光譜上質量各異的表達潛能,彼此包容成整體,永遠是程度的不同。一個還不會說話的孩子,已經具備基礎語言的能力。非人類的動物亦然,多少能表達行為的心靈層次——而語言承載了心靈

層次的最高能量。[1]

情動力否定自由

　　有些批評家在討論情動力理論著名的「半秒之差」
（missing half-second）說法時，做出了這個沒有根據的
結論。這是神經生理學家利貝特（Benjamen Libet, 1916-
2007）的發現：一個行為從生理萌動開始，到意識乍現，
有半秒之差。在此時間差之中，萌生的行動從自己「整備
的潛力」（readiness potential），邁向實際的表達：從內在
的行動潛力到外在的行動姿態。許多人感到不安，因為這
個過渡在無意識時就已經進行了，有人認為這就意指否定
了選擇的自由。無意識的行動萌發和自由相抵觸的說法，
必須按照剛才我說過的話來修訂：每個行為發生時，心
靈活動及生理活動是相互包容的。「情動力否定自由」這
種錯誤看法，起因於不願從根本重新思考身體／心靈的對
立：這種對立認為身體無意識的活動純粹是「物理的」或
「生理的」，有別於「心靈的」；而且把物理的等同為「不
假思索的」機制。相對的，情動力理論預設，在每一次事
件中，物理層面（定義為事件趨向配合最近傳承的指令）

1　在 *What Animals Teach Us about Politics*（《動物教我們的政治》）一書
　中，我主張，所有的動物行為都有心靈層次，即使是最「低下」的本能
　行為。

和心靈層面（定義為趨向超越現狀、製造及衍生新奇）的相互包容。情動力絕不排斥自由，然而要求自由必須重新定義。重新定義是必要的，因為，假如自由有絲毫意味身體／心靈、物理的／心靈的二分，那麼情動力的運作的確和自由相抵觸。這種對立在自由的概念中如此根深蒂固，以至於許多人的思考／感受難以超越這類二分法。傳統的自由概念，把自由視為個別心理主體的心靈活動，或視為個人意志的無條件選擇活動，就把自由與身體分開了。但是，沒有選擇是無條件的。如果沒有個人自己跨個體的流變，個人就不存在，而這種流變是透過情動力而生效的（不是透過思考）。個人意志的說法已經老掉牙了：這種說法設定一個主體思考的真空狀態，其中意志在偉大的孤獨中運作，毫無限制、毫無條件。這不是自由，而是虛構。自然—文化的連續體，不允許這種真空狀態。自由不屬於單一主體；沒有不受限於需求的純粹選擇能力。自由是一種成就，因需求而獲得。自由不是訓練的，而是因限制的激發潛能而調節，創造出來的。自由的創造是靠情境的，而情境中事件變化多端，事件是連動性的。主體不是在真空狀態中做抉擇。事件在連動中決定一切。自由不屬於個人，而是屬於過程。自由是情動力過程中的跨個體自主權，目的在衍生新奇。情動力並非沒有物理性，但形成了心靈性的勝利（此處重申，根據情動力過程性的定義，

就是超越現狀、衍生新奇的能力）。不要為你的自由而抗議，而是打造驚奇，試探驚奇。

情動力：德勒茲的斯賓諾莎論 [1]

彭小妍

　　德勒茲情動力概念的源頭是斯賓諾莎（Baruch Spinoza, 1632-1677）。後者的情動力理論，一方面批判西方傳統宗教的外在超越（transcendence），一方面批判笛卡兒的心物二元論（body-mind dichotomy）。其實不僅是斯賓諾莎，其後的東西方哲學家，幾乎都大力批判這兩個概念。此外，從斯賓諾莎起，我們可以清楚看見科學觀念對現代哲學的影響；而各世代哲學家從各自時代盛行的不同科學理念獲得靈感，卻可能殊途同歸。斯賓諾莎的情動力理論受到阿基米德幾何學（Euclidean geometry）、[2] 物理

1　本文的討論雛型，原散見於筆者的專書《唯情與理性的辯證：五四的反啟蒙》（台北：聯經，2019）。為了配合文哲所 2019 年 10 月 3-4 日會議的主題「翻譯德勒茲：德勒茲思想的翻譯、轉化與創造」，本人重新整理專書中的相關討論，發展為本文，參考彭小妍，〈情動力：德勒茲的斯賓諾莎論和翻譯問題〉，收入李育霖主編，《翻譯德勒茲：詮釋、轉化與創造》（台北：中央研究院中國文哲研究所，2022），頁 11-37。

2　"Euclydean Geometry," *Encyclopedia Britanica*: "The study of plane and solid figures on the basis of axioms and theorems employed by the Greek

學運動理論（motion and dynamics）及力學 （mechanics and force）影響；尼采、伯格森的生命哲學則受到生物學及達爾文主義的影響，也同樣以非理性的力量來批判理性。從1960年代起，情動力理論在國際學界人文學研究逐漸興起。[3]1980年代末如風起雲湧，到2007年即有所謂「情動力轉向」（the affective turn）的說法，無論文學、女性主義、社會學、政治學、心理學、資訊學、醫護學、管理學等，紛紛轉向身體及情感的探討，至今風行不墜（Clough and Halley）。[4]要理解情動力概念的魅力，回溯到十七世紀斯賓諾莎的著作《倫理學》（*The Ethics*, 1677）是不二法門。

《倫理學》共分成五個部分，[5]隨處可見斯賓諾莎的思想體系對幾何學的倚賴，例如第三部分〈論情動力的

mathematician Euclid (c. 300 BCE).

3 情動力理論在人文學上的應用，一般公認由 Silvan S. Tomkins 的心理學著作 *Affec, Imagery, Consciousness*（1962）開其端。Tomkins, Silvan S., *Affect, Imagery, Consciousness* (New York: Springer Publishing Company, 1962).

4 Clough, Patricia Ticineto and Jean Halley, *The Affective Turn: Theorizing the Social* (Durham and London: Duke University Press, 2007).

5 《倫理學》第一部分為〈論上帝〉（On God）、第二部分〈心靈的特性及來源〉（Of the Nature and Origin of the Mind）、第三部分〈論情動力的來源與特性〉（Of the Origin and Nature of the Affects）、第四部分〈論人的束縛，亦即情動力的力量〉（Of Human Bondage, or of the Powers of Affects）、第五部分〈論智慧的力量，亦即人的自由〉（Of the power of the Intellect, or of Human Freedom）。

來源與特性〉。其序言指出，他以研究線條、平面及物體
的方式，也就是幾何學的方式（in the geometric style），
來分析情動力（*affectibus*, or the affects）、人的生活方式
（men's way of living，包括喜怒哀樂及慾望 appetites 等
等），與他分析上帝（God）及思想（thought）的方式
相同。也就是說，以一種理性的方法來分析非理性的事
物（things which are contrary to reason）。[6]根 據 Seymour
Feldman 的看法，斯賓諾莎運用阿基米德幾何學方法來探
討哲學問題，乃因幾何學的精確及認證才能顯示真實的哲
學體系。[7]《倫理學》的類幾何學方法，形成獨特的寫作

6 Baruch Spinoza, *Ethics*, in *The Collected Works of Spinoza*, edited and
   translated by Edwin Curley (NJ: Princeton University Press, 1985), 2 volumes,
   1: 401-617. 此處引文見 1: 492。斯賓諾莎的《倫理學》至少有七、八種
   英文譯本，本文引用時主要使用此譯本，主因是此譯本將 *affectibus* 翻
   譯成 "the affects"，其他的譯本，例如 Samual Shirley 的譯本，大多翻譯
   成 "the emotions"（見注 7, p. 102）。情動力的概念不僅指情感，還包括
   身體的感應力（affections），如同 Spinoza 所說："By affect I understand
   affections of the Body by which the Body's power of acting is increased or
   diminished"（1: 493）. Curley 的譯本序言（1: ix-xvii; 401-407），詳盡分
   析比較《倫理學》的拉丁文、荷蘭文及各英文版本，是版本學研究的範
   例。

7 Samual Shirley 的《倫理學》譯本，由 Seymour Feldman 編輯及主筆導
   言。其導言討論斯賓諾莎的猶太教兼天主教家庭背景，他對中世紀哲
   學、上帝創世論（creation）的反動，《倫理學》的寫作特色、自然神
   論等，值得參考。Seymour Feldman, "Introduction," In Baruch Spinoza,
   The Ethics: Treatise on the Emendation of the Intellect, Selected Letters
   (Indianapolis: Hackett Pub. Co., 1992), pp. 1-20.

風格，全書以無數定義（definition）、假定（postulate）、示範（demonstration）、公理（axiom）等週而復始，反覆闡釋情動力理論所牽涉的概念。

　　本文要問的是：德勒茲以動物行為學（ethology）來說明斯賓諾莎的情動力理論，有道理嗎？要理解德勒茲的情動力理論，必須先探討他1968年的斯賓諾莎研究：*Spinoza et le problème de l'expression*。[8]此書1990年 Martin Joughin 的英譯本書名為 *Expressionism in Philosophy*，[9]2013年龔重林的中譯本書名為《斯賓諾莎與表現問題》，[10]然而 "expressionism" 和「表現問題」，無論從英文或中文語境而言，均難以理解。筆者寧可譯為《斯賓諾莎與體現問題》，因為法文 l'expression 的動詞 exprimer，除了「以語言或藝術方式表現」，也意味「體現」或「身體化」（to embody）。[11]德勒茲所謂的

8　Gilles Deleuze, *Spinoza et le problème de l'expression* (*Spinoza and the Problem of Expression*; Paris: Les Éditions de Minuit, 1968).

9　Gilles Deleuze, *Expressionism in Philosophy*, Translated by Martin Joughin (New York: Zone Books, 1990).

10　德勒茲著，龔重林譯，《斯賓諾莎與表現問題》（北京：商務印書館，2013）。

11　參考 "exprimer," *Larousse* online: "Être l'expression d'un sentiment, le manifester par des signes."意為：「以〔身體的、物質的〕各種訊息或表徵表達內在的情感」。https://www.larousse.fr/dictionnaires/francais/exprimer/32335.「內在情感」非實體，必須靠身體（body）或物質（matter）發出的訊息或表徵（signes）來具體表達，例如微笑的臉孔

expression（也就是斯賓諾莎的 expression），指的是上帝的絕對無限（infini）如何體現為宇宙萬物。這點由《斯賓諾莎與體現問題》的導言中，斯氏下列一句話的法文翻譯可得知："Par Dieu j'entends un être absolument infini, c'est-à-dire une substance consistante en une infinité d'attributs, dont chacun exprime une essence éternelle et infinie"。[12]中文意為：「就我的理解，上帝是絕對無限的存在，也就是由無限屬性（attributes）組合成的實質，其中每一個屬性都體現了一種永恆無限的特質（essence）」。《倫理學》的核心概念是「上帝即自然」（God or nature; *Deus sive Natura*），意思是自然萬物的總和就是上帝。[13]在早期的

（喜、樂）、謾罵聲（怒）、含淚的眼睛（哀）、發出的驚恐叫聲（恐懼），等等。這正是 Spinoza 的說法，他把喜怒哀樂都歸類為具有情動力的物質個體（singular things）："The affects, therefore, of hate, anger, envy, etc., considered in themselves, follow from the same necessity and force of nature as the other singular things"（怨恨、怒氣、嫉妒等所具有的情動力，與其他物質個體一樣，遵從自然的法則及能量；Spinoza, *Ethics*, 1: 492）。文字、語言、圖像等，都是精神文明的物質表徵，當然也可以具體表達「內在情感」。

12 Deleuze, *Spinoza et le problème de l'expression*, p. 9.

13 《倫理學》第二部分〈心靈的特性及來源〉闡釋「上帝即自然」的概念，例如 "The eternal and infinite being we call God, or Nature, acts from the same necessity from which he exists... The reason, therefore, or cause, why God, or Nature, acts and the reason why he exists, are one and the same" (Spinoza, *Ethics*, 1: 544). 又如 "The man's power, therefore, insofar as it is explained through his actual essence, is part of God or Nature's infinite power, i.e., of its essence" (Spinoza, *Ethics*, 1: 549).

著作《簡論上帝、人與人的幸福》（*Short Treatise on God, Man, and His Well-Being*, 約1662年）中，斯賓諾莎即已經指出，上帝是「能生之自然」（*Natura naturans*; nature naturing），自然萬物是「所生之自然」（*Natura naturata; nature natured*），兩者是合一的。[14]

「體現」（exprimer）的概念，說明宇宙中的萬物個體如何體現上帝無限的精神實質，是理解德勒茲及斯賓諾莎情動力理論的關鍵。情動力指所有物質個體（bodies or modes）之間彼此相互感應、互聯共振（to affect or to be affected）的力或能量（energy or force），上帝的精神實質是其共同的源頭；因為有上帝的精神實質存在，所有物質個體才存在，物質個體之間相互感應的能量也才存在。上帝只有精神實質，其實質、屬性和特質只是理念（ideas），沒有實體，必須透過宇宙的物質個體才能體現出來。[15]斯賓諾莎的情動力理論，主張上帝的精神實質只

14 斯賓諾莎指出："[W]e shall briefly divide the whole of Nature into *Natura naturans* and *Natura naturata*. By *Natura naturans* we understand a being that we conceive clearly and distinctly through itself, without needing anything other than itself（like all the attributes which we have so far discussed）, i.e., God. . . . We shall divide *Natura naturata* in two: a universal and a particular. The universal consists in all those modes which depend on God immediately. . . . The particular consists in all those singular things which are produced by the universal modes" (Spinoza, *Ethics*, 1: 91).《簡論上帝、人與人的幸福》收入 Spinoza, *Ethics*, 1: 46-156.

15 有關 God, substance, attribute, mode 等基本概念的定義及論證，請見《倫

能靠物質個體來體現，從教會眼光來看，這使得上帝的無所不能和無所不在淪落為物質的附庸，難怪他1656年被逐出阿姆斯特丹的猶太教會，繼而在1660年被逐出阿姆斯特丹（Feldman 1992: 3）。[16]然而，斯賓諾莎其實衷心信仰、甚至迷戀上帝，上帝在他的文本中俯拾皆是；《倫理學》意在釐清上帝與人及自然萬物的關係。他真正批判的是笛卡兒的心物二元論；[17]他主張精神和物質彼此需要，不能截然二分，也就是主張心物合一。下文將詳論。

由於大多中文世界的研究者及學生，完全透過翻譯來理解德勒茲理論（或任何其他理論），翻譯之用，不可謂不大。在翻譯時如果對原著沒有整體的理解，譯文的遣詞用字缺乏策略性的選擇及創造性轉化，讀者即使勉強卒讀也不知所云。本文將循序漸進，說明為何在翻譯關鍵概念 "l'expression" 時，寧取「體現」而捨「表現」。

理學》第一部分〈論上帝〉。全書反覆闡釋這些概念（Spinoza, *Ethics*, 1: 408-446）。

16 Cf. Seymour Feldman, "Introduction," p. 3.

17 《倫理學》第三部分的序言寫道: "I know, of course, that the celebrated Descartes... sought to... show the way by which the Mind can have absolute dominion over its Affects. But in my opinion, he showed nothing but the cleverness of his understanding, as I shall show in the proper place" (Spinoza, *Ethics*, 1: 491-492).

一、無器官的個體（法文CsO、英文BwO）

　　「無器官的個體」或「無器官的身體」，在德勒茲與瓜達里的斯賓諾莎研究中，是一個難題。中文要把 body 翻譯成「個體」或「身體」？在《千高台》（*A Thousand Plateaus*）中，德勒茲與瓜達里指出，斯賓諾莎對 *corps*（body）的定義，是從動物行為學（éthologie; ethology）的角度出發；[18]不談動物身體的內部器官或其功能，而是談「無器官的個體」（*un corps sans organs*）；[19]也不談某個動物隸屬於那個物種（Espéce）或屬（Genus），而是衡量其情動力（*faire le compte de ses affects*）。[20]此處，德勒茲與瓜達里似乎傾向於將 body 詮釋為「身體」。但是必須釐清，無論法文的 corps 或英文的 body，除了動物的身體之外，還有「個體」的意思；任何個體或任何物質（不只固體，也包括氣體、液體等沒有固定形體的物質）都涵蓋在內。[21]在斯賓諾莎的《倫理學》中，所謂 body 就指涉

---

18 Gilles Deleuze and Félix Guattari, *Mille plateaux: capitalisme et schizophrénie 2* (Paris: Les Édition de Minuit, 1980), p. 314; Gilles Deleuze and Guattari Félix, *A Thousand Plateaus: Capitalism and Schizophrenia,* Translated by Brian Massumi (Minneapolis, MN: The University of Minnesota Press, 1987), p. 257.

19 *Mille plateaux*, pp. 185-204; *A Thousand Plateaus*, pp. 149-66.

20 *Mille plateaux*, p. 314.

21 參考 "corps," *Larousse*: "Tout object, toute substanace matérielle." https://

了這許多有形與無形的物質個體。

　　首先我們要問：德勒茲與瓜達里的《千高台》為何發揮大量篇幅說明，斯賓諾莎主張「無器官的個體」或「無器官的身體」？我認為主因是要強調斯賓諾莎以「內在超越觀」（immanence）反傳統神學的「外在超越觀」（transcendence）。他反對神學的「存在位階」（Chain of Being）理論。「存在位階」顯示，人因為有靈魂，最接近上帝，所以是所有生物的位階中最高等的。他卻認為所有的個體（包括生物與無生物）是平等的，都屬於自然，都是物質組成，[22]是動靜快慢（de movement et de repos, de vitesse et de lenteur）的物質組合。[23]他以幾何學及物理學的力學與運動學來說明個體的情動力：個體是由經度（une longitude）與緯度（une latitude）所定義的物質，經度即快慢的速度，緯度即情動力能量的大小。因此任何個體沒有高低等之分，沒有任何一種生物比其他生物或無生物更接近上帝。所有的個體都是速度與情動力的組合，在同一個「情動力組配的平臺」（*agencement*; assemblage）

---

www.larousse.fr/dictionnaires/francais/corps/19404?q=corps#19293

22 *A Thousand Plateaus*, p. 167: "Against Descartes, Spinoza posits the equality of all forms of being, and the univocity of reality which follows from this equality. The philosophy of immanence appears from all viewpoints as the theory of unitary Being, equal Being, common and univocal Being."

23 *Mille plateaux*, p. 318.

中，每一個個體都是平等的、可以相互流變的。人可以流變為馬（*devenir-cheval*; becoming-horse）[24]或任何其他動物，男人可以流變為女人，人與動物可以流變為季節或時刻等等。由於斯賓諾莎的啟發，德勒茲進一步連結情動力與流變的關係。在《千高台》中，德勒茲與瓜達里指出：「情動力就是流變」（*Les affects sont des devenirs*）。[25]

然而，我要指出，德勒茲與瓜達里挪用動物行為學來說明斯賓諾莎的情動力理論，實可商榷。動物行為學發生在達爾文生物學之後，斯賓諾莎並未躬逢其盛。斯氏的《倫理學》根據的是幾何學及物理學的運動理論、力學；而且他所謂的 body，並非僅只於動物。動物行為學作為生物學的一支，主要的依據是生物的器官與環境（*Umwelt*）刺激的互動關係，開其先河者是德國生物學家烏克斯庫爾（Jacob von Uexküll, 1864-1944）。他是一位德國生命哲學家（*Lebensphilosopher*），與杜理舒（Hans Driesch, 1867-1941）一樣，是當時生機論生物學（vitalist biology）的代表性人物。用動物行為學來解釋斯賓諾莎的情動力理論，似乎有明顯的矛盾；不僅時序錯置（anachronism），在理論上也有扞格之處。但是1970年的《斯賓諾莎：實踐哲學》的最後一章〈斯賓諾莎與我

24 *Mille plateaux*, pp. 314-318.
25 *Mille plateaux*, p. 314.

們〉中，可見德勒茲完全著眼於烏克斯庫爾如何定義動物與生存環境的互動：當烏氏將音樂的旋律（*les lignes mélodiques*）或對位關係（*les rapports contrapuntiques*）對應到各個物體，或者是當他將交響樂更高層次的內在超越合一性（*unité supérieure immanente*），描寫為（大自然樂曲的）雄渾圓滿（*l'ampleur*）之時，正彰顯他就是斯賓諾莎主義者。[26]德勒茲強調，烏克斯庫爾在定義生物與自然環境的關係時，以斯賓諾莎的情動力的相互感應關係來說明。對德勒茲而言，斯賓諾莎的《倫理學》就是一首雄渾的樂曲（*composition*），各音符旋律都被捲入最快速、最雄渾的樂章（*movement*）中。

因生物學影響而發展情動力理論的，是社會烏托邦主義者，包括法國的孔德（Auguste Comte, 1798-1857）及中國的張競生（1888-1970）；生物學理論到今天仍然影響歐美有關美好社會的想像，日後將撰文闡述。

---

26 Gilles Deleuze, "Spinoza et nous," *Spinoza: philosophie pratique* (Paris: Les Éditons de Minuit, 1981), pp. 164-175. 此處德勒茲指出: "Uexküll, un des principaux fondateurs de l'éthologie, est spinoziste lorsqu'il définit d'abord les lignes mélodiques ou les rapports contrapuntiques qui correspondent à chaque chose, puis quand il décrit une symphonie comme unité supérieure immanente qui prend de l'ampleur (composition naturelle)" (p. 170). 本書第一版為 Gilles Deleuze, *Spinoza* (Paris: Presses Universitaires de France, 1970).

二、「體現」與內在超越（immanence）

「體現」（expression）是斯賓諾莎情動力理論的重點，要真正的了解「體現」，我們必須先探討什麼是「體現的方式」（mode）。龔重林將 mode 譯為「狀態」，讀者恐怕難以了解其深意，我們且看看斯賓諾莎自己如何解釋這個概念。《倫理學》第一部分〈論上帝〉指出：「我所謂的體現方式（mode），意指（上帝的）實質的體現方式」（By mode I understand the affections of a substance）。[27] 在斯賓諾莎的概念中，mode 與 affection 的涵義是類似的，但 mode 意指上帝的實質或無限屬性的體現方式，而 affection 涵蓋的範圍更廣，也適用於有限的事物。[28]《倫理學》第三部分又指出：每一個個體（each thing）都盡力運用自己的能量來努力存活，所有獨特的個體（singular things）都是體現方式（modes），具體而確實的體現了上帝的無數屬性。[29] 此處 modes 與 things 是等同的，因此

---

27 Spinoza, *Ethics*, 1: 409.

28 根據譯者 Samuel Shirley 譯本的序言："Mode is restricted to the 'way' in which substance, or an attribute of God, finds expression, whereas 'affection' is of much wider application, extending to finite things." (p. 24)

29 "Each thing, as far as it can by its own power, strives to persevere in its being. For singular things are modes by which God's attributes are expressed in a certain and determinate way" (Spinoza, *Ethics*, 1: 498-99).

在翻譯 mode 時，亦可視上下文譯為「體現的方式」或「個體」。要再次提醒的是，所謂「個體」（things），涵蓋了各種有形、無形與有體、無體的事物，就像 body 指涉了種種有形與無形的物質。[30]這是為何我寧可將 mode 譯為「體現的方式」或「個體」，與書名的「體現」呼應。根據 Feldman，亞里士多德、中世紀哲學、笛卡兒哲學是二元論（dualism），而斯賓諾莎的玄學是一元論（metaphysical monism）。他認為上帝的實質是獨一無二的；上帝具有無限的屬性，每一個屬性都是上帝的無限性的表徵。對他而言，上帝是世界萬物存在的終極原因（the ultimate cause of everything），也就是實質，而世界萬物是這個終極原因的果（that which is caused），在因果之間有一個基本的連續性（a fundamental continuity; Feldman 10）。但是，我們要注意的是，斯賓諾莎同時強調兩者無法控制彼此：「個體不能限定心靈的思考，心靈不能限定個體的動靜或其他狀態（如果有其他狀態）」。[31]詳見下文。

---

30 道家（與佛教）有關有體、無體及有形、無形的繁複辯證，參考蔡善妮，〈不定之中的多重：德勒茲「虛（擬）」的老莊詮譯〉，收入李育霖主編，《翻譯德勒茲：詮釋、轉化與創造》，頁 231-54。

31 《倫理學》第三部分："The Body cannot determine the Mind to thinking, and the Mind cannot determine the Body to motion, to rest or to anything else（if there is anything else）" (Spinoza, *Ethics*, 1: 494).

　　德勒茲在〈斯賓諾莎與我們〉中指出 mode 與
affection 的類似涵義：任何一種體現方式或任一個體（a
mode），都具體展現了在個體（body）及思想（thought）
之間，快速與緩慢所形成的複雜關係，也就是攸關個體及
思想一感一應的相互關係。[32]此處 body 可以指任何個體
或人（動物）的身體。就人而言，在斯賓諾莎的定義下，
人並非如笛卡兒所說是心物二分，而是思想（thought）與
廣延（extension）的合一。但廣延是所有物質存在於空
間的特性，並非僅指人的身體，包括所有個體；廣延和
思想都是（體現上帝實質的）屬性（attribute）。[33]德勒茲
〈斯賓諾莎與我們〉中繼續指出：如果將個體與思想具體
定義為一感一應的能量（capacities for affecting and being
affected），很多事物就改變了。動物或人不是由形體、器
官及其功能來定義，也不是作為主體來定義；而是由其感
應能量（*des pouvoirs d'affecter et d'être affecté*）來定義。
感應能量（capacité d'affects）有最高和最低臨界點，是斯

---

32 Deleuze, "Spinoza et nous," p. 166: "[C]oncrètement, un mode, c'est un
rapport complexe de Vitesse et de lenteur, dans le corps, mais aussi dans
la pensée, et c'est un pouvoir d'affecter et d'être affecté, du corps ou de la
pensée."

33 Spinoza, *The Ethics*, 1: 104-105: "[M]ind and body are one and the same
thing, conceived now under the attribute of Thought, now under the attribute
of Extension."

賓諾莎經常使用的概念。[34]

因此，對德勒茲而言，斯賓諾莎所說的個體，是沒有器官的個體；所有事物，包括物體、身體、思想等，都應該以其感應能量來定義、理解。情動力的高低程度，就是感應能量的高低。著名的德勒茲英譯者 Brian Massumi 就明確指出，個體既具有實體（concrete, corporeal matter），也具有抽象、非實體的能力或能量（abstract, incorporeal charge, force, or energy），後者是個體的潛力、動態和流變的關鍵。[35]

德勒茲與瓜達里的《千高台》指出，斯賓諾莎的「自然主義」（naturalism），是對笛卡兒的反動。笛卡兒主張上帝的實質創生萬物，他以上帝為創造者，是在大自然之外尋找實質存在（l'être, p. 207）；他以數學及機械論的思維去除了自然的自身價值，否認自然中個體的潛能、內在能量及任何內在的存在。相對的，斯賓諾莎則主張，神

---

34 Deleuze, "Spinoza et nous," p. 166: "Concrètement, si vous définissez les corps et les pensés comme des pouvoirs d'affecter et d'être affecté, beaucoup de choses changent. Vous allez définir un animal, ou un homme, non pas par sa forme, ses organs et ses fonctions, et pas non plus comme un sujet: vous allez le définir par les affects don't il est capable. Capacité d'affects, avec un seuil maximal et un seuil minimal, c'est une notion courante chez Spinoza."

35 Cf. Brian Massumi, *Parables for the Virtual: Movement, Affect, Sensation* (Durham & London: Duke University Press, 2002), pp. 6-7. 原文為 "The charge of indeterminacy carried by a body is inseparable from it"; "there is an incorporeal dimension of the body."

是唯一的「實質」（substance），乃絕對無限的存在；自然中的眾生萬物、季節及時時刻刻等，都是上帝的「體現方式」，都是有限的單一存在，每一種個體都體現了一個獨特的「特質」（essence），所有的特質加起來就是神的實質。亦即，神的實質必須透過無數的個體來展現。斯賓諾莎這種主張，恢復了大自然自有的能量（*restaurer les droits d'une Nature douée de forces ou de puissance*, p. 207），以「內在超越」對抗「外在超越」。主張「內在超越」，也就是主張「形而上」存在於「形而下」之中，是現代哲學的特色，例如杜威、新儒家均如此。[36]

斯賓諾莎的情動力理論，是對笛卡兒實質論的批判。笛卡兒的實質論，與他設計的物理學合拍，只需要純粹的數學原理。伯特（Edwin Arthur Burtt, 1892-1989）指出，笛卡兒認為上帝的實質創生了廣延的萬物（extended things），萬物的世界是一個巨大的機器，上帝啟動了這個巨大機器的運轉。所有個體都沒有自發性、主動力，嚴格按照廣延和運動的規律性、精確性和必然性持續運動，所有個體運動的彼此傳遞，乃透過直接的碰撞。[37]笛卡兒

---

36 彭小妍：《唯情與理性》，頁 20-21、155、239、245-291。

37 Cf. Edwin Arthur Burtt, *The Metaphysical Foundations of Modern Physical Science: A Historical and Critical essay* (London: Routledge, [1924] 2002), Chapter 4, 96-116；中文翻譯請參考愛德溫‧阿瑟‧伯特著、張卜天譯，《近代物理科學的形而上學基礎》（成都：四川教育出版社，1994），

以高度思辨的「渦漩理論」（the laws of vortical motion, or Catesian vortex），[38]結合機械論與數學觀，保住了可見個體的純幾何特徵。相對的，伽利略（Galileo Galilei, 1564-1642）認為某些運動關乎引力（force or attraction）、加速度（acceleration, momentum; Burtt 104）等問題；運動的數學處理，除了幾何性質，還必須注意個體的特質（ultimate qualities）。開普勒（Johannes Kepler, 1571-1630）則認為天文個體有「主動力」（active powers）。[39]斯賓諾莎顯然認同伽利略及開普勒的理論，賦予個體個別的特質，而且進一步主張個體所具有的主動力就是情動力，修正了笛卡兒著名的渦漩理論。

要了解個體的主動力及被動性，必須先理解何謂欲力（*conatus*）。對斯賓諾莎而言，上帝就是能量（*puissance*; power）；體現上帝的每一種個體，其與生俱來的特質，就是欲力，即不同程度的能量（*degrée de puissance*），我們不妨將之理解為「生命力」。德勒茲的《斯賓諾莎與體現的問題》指出，斯賓諾莎所謂的「欲力」或「生命力」，意指每一種特質的生存功能（*Il désigne la fonction existentielle de l'essence*），也就是這些特質維持

第四章，91-110。
38 Burtt, *The Metaphysical Foundations of Modern Physical Science*, p. 103.
39 Ibid.

了生存的努力。[40]只要參考《倫理學》中斯賓諾莎的解說即可明白：「欲力（*conatus*）是任一個體（each thing）維持生存的努力，也就是任一個體的實際特質」。[41]尼采所說的生命力（will to power），伯格森後來在《創化論》（1907）中發展的「生之動力」（*élan vital*），[42]與斯賓諾莎先行的欲力或生命力理論，是一脈相承的。眾所週知，德勒茲的思想來源，除了斯賓諾莎，還有尼采、柏格森。

根據斯賓諾莎的理論，欲力或生命力的動態特色（*les caractères dynamiques*），與其機械特色（*les caractères mécaniques*）相輔相成。所謂機械特色，就是所有個體固定不變的物質組成，意指笛卡兒的身體機器（machine）概念。德勒茲與瓜達里指出，對斯賓諾莎而言，靜態的機械特色不足以說明個體，個體的特性是透過情動

---

40 Deleuze, *Spinoza et le problème de l'expression*: "*Le conatus chez Spinoza n'est donc que l'effort de persévérer dans l'existence*" (*Spinoza et le problème de l'expression,* p. 209). 法文 "n'est... que" 意指 "is nothing... but"（只是，正是），是肯定式。龔重林譯為否定式：「因此，欲力在斯賓諾莎那裡，並不是維持存在的努力」（頁 230），Martin Joughin 英譯也是否定式："Thus *conatus* is not in Spinoza the effort to persevere in existence" (p. 230).

41 Spinoza, *Ethics*, 1: 499. 此處 Curley 將 "conatus" 翻譯為 "striving"："The striving by which each thing strives to persevere in its being is nothing but the actual essence of the thing." 參考 Samuel Shirley 的譯本（p. 108）之後，我將 "striving" 還原為 "conatus"，以便與德勒茲的討論接軌。

42 彭小妍，《唯情與理性》，頁 24-25、69-70、84-84、212-214、260-262。

（affections）與其他個體產生動態相互作用。正是由於生命力的動態作用，個體才能敏銳地感受各式各樣的外來能量（être *affecté d'un grand nombre de façons*）。[43] 情動分成主動與被動兩種，主動的、有行動力的情動是完整的理念，為生存所必須；被動的情動雖然是不完整的理念（*idées iadéquates*），但它累積了我們的感受力，同樣也是維持生存所不可或缺。欲力或生命力是否發展為欲望（*désir*），有賴於我們實際感受到的情動或情感（*déterminé par une affection ou un sentiment*）的力道；一旦情動成為欲望，意識（*conscience*）必然伴隨而來。因此情動與理念產生連結（*liaison*）的必要條件，就是先要有欲望與情動的連結；[44] 我們的欲望，是因熱烈的情動（passions）而生的。總而言之，當我們感受到的「被動的情動」（*les affections passives*）凝聚到一定程度，就會醞釀為理念，繼而成為主動的行動力（*notre puissance d'agir*, 即「主動的情動力」）；因此主動的情動奠基於被動的情動，兩者都是生存所必須的。我們接受到外來情動力時，究竟保留或放棄，究竟那些情動力才會轉為行動力，完全是選擇性的；至於如何選擇，就取決於我們的本性或特質了（*notre*

---

43 *Mille plateaux*, p. 210.
44 *Mille plateaux*, pp. 210-211.

nature ou notre essence）。[45]

　　如果檢視斯賓諾莎對身心（body/mind）互動的解說，就可以明白上述德勒茲與瓜達里的看法。如前所述，《倫理學》第三部分指出，個體不能限定心靈如何思考，心靈也不能限定個體的動靜或其他任何狀態。斯賓諾莎以夢遊者在睡夢中的行為，來說明個體如何做出心靈無法掌控的舉動。[46]由於心靈的首要特質是感受到個體的實質存在，所以心靈最重要的元素就是欲力──欲力確定了我們個體的存在。[47]如果欲力只牽涉到心靈，就稱為為意志（will），若同時牽涉到心靈與身體，就稱為慾念（appetite）。當心靈意識到慾念存在之時，就稱為慾望（desire）。我們的意志和慾望所追求的事物，就是美好的事物。[48]我們努力去實現任何我們想像會帶來愉悅（pleasure）的事物，盡力排除或毀滅任何會讓我們不快樂、或帶來痛苦的事物。[49]斯賓諾莎又指出，心靈盡可能

45 *Mille plateaux*, p. 211.

46 Spinoza, *Ethics*, 1: 495

47 "[S]ince the first thing that constitutes the essence of the Mind is the idea of an actually existing Body, the first and principal [tendency] of the *conatus* of our mind is to affirm the existence of our Body" (Spinoza, *Ethics*, 1: 500). 此處同樣參考 Shirley 的譯文，將 Curley 用的 "striving" 還原為 "conatus." Spinoza, *Ethics*, translated by Samuel Shirley, p. 110.

48 Spinoza, *Ethics*, 1: 500.

49 Ibid., 1: 509.

想方設法來增強或輔助個體的動能（power of acting），同時排除那些會降低或阻止個體動能的事物，也就是盡力排除個體（和心靈）生存的障礙。[50]換句話說，為了實現快樂，心靈必須增強個體的動能，而動能也就是個體和心靈生存的關鍵。就上帝與萬物的關係而言，上帝是心靈，萬物是無數的個體。

三、情動力及非主體性

所謂情動力，其特質之一就是生於「已發未發之際」（not yet）。這方面研究者最常引用的，是斯賓諾莎的個體潛能概念。《倫理學》第三部分討論這個問題。就生物的身體而言，若身體由心靈管控，身體究竟有多少能耐？相對的，身體若並非心靈所掌控，只就自然法則（自然是物質的；corporeal）來看（from the laws of its nature alone），身體究竟有多少潛能是未發的、是我們的經驗所未知的？斯賓諾莎的情動力理論最常被引用的一句話是：「至今沒有人能確定身體有多少能量」（no one has yet determined what the Body can do）。[51]這是批評笛卡兒的心

---

50 Ibid., 1: 502: "The mind, as far as it can, strives to imagine those things that increase or aid the Body's power of acting."

51 Ibid., 1: 495: "For indeed, no one has yet determined what the Body can do,

物二元論。對笛卡兒而言，身體只是筋骨、肌肉、血管、神經、皮膚等物質所組成的一具機器，完全由心靈（mind, or soul; *l'âme*）控制。[52]斯賓諾莎卻指出，隸屬自然法則的個體所具有的未發潛能，絕非心靈所能掌控。對德勒茲而言，斯賓諾莎這種身體潛能概念，乃從超越本體進入內在本體的關鍵，也是斯賓諾莎的「戰爭吶喊」（war cry），亦即身體對理性的挑戰。[53]笛卡兒主張神超越一切，斯賓

---

i.e., experience has not yet taught anyone what the Body can do from the laws of nature alone, insofar as nature is only considered to be corporeal, and what the body can do only if it is determined by the Mind." Cf. Malissa Gregg and Gregory J. Seigworth, eds., *The Affect Theory Reader*, p. 3: "In what undoubtedly has become one of the most oft-cited quotations concerning affects, Baruch Spinoza maintained, 'No one has yet determined what the body can do'."

52 相關論述見 Descartes, René, *Les passions de l'âme*（*Passions of the Soul*）, in *Oeuvres de Descartes*（*Works of Descartes*; Paris: Léopold Cerf, [1647]1897-1913, 11: 291-497. 對笛卡兒而言，人和動物的身體都是上帝創造的機器，由心靈控制；死亡時心靈消失，機器就靜止不動。例如在〈論人〉（Traité de l'homme [1648], 11: 119-215）中，笛卡兒指出："Et it faut que je vous decrive, premièrement, le corps à part, puis après, l'âme aussi à part; & en fin, que je vous montre comment ces deux Natures doivent être jointes et unies, pour composer des hommes qui nous ressemblent. Je suppose que le Corps n'est autre chose qu'une statue ou machine de terre"（我認為身體只是泥捏的雕像或機器；11: 120）。在〈人體的描述及其所有功能〉（La description du corps humain et de toutes ses fonctions [1648], 11: 223-290）中，又討論「我們的身體機器」（*la machine de notre corps*; 11: 226）。這些例子貫穿笛卡兒的各種著作，不勝枚舉。*Oeuvres de Descartes* 是花體字版本，文字拼法與現今拼法稍有不同，我還原成現在習慣的拼法。

53 Bolaños, Paolo. "Nietzsche, Spinoza, and the Ethological Conception of

諾莎則提出反對意見，主張根植於個體的「內在超越」論。另一方面，就自然界有形及無形的所有個體而言，按照笛卡兒的渦漩理論，所有的個體都沒有自動力，宇宙萬物只是上帝啟動的巨大機器。對斯賓諾莎而言，既然個體有自動力，那麼它們之間的運轉就是個體的特質、引力、加上速度所控制的，並非一個創生萬物的上帝所掌控。

　　身體機器是笛卡兒理論的中心概念，他在各著作中反覆闡釋這個概念：身體是心靈控制的機器。這是心物二元論的典型比喻（trope），後來的哲學家及心理學家凡討論心物二元論，都會回歸到笛卡兒這個比喻。然而，對笛卡兒而言，情動（passions）究竟是屬於心、還是屬於物呢？晚近比較文學學者特拉達（Rei Terada）的笛卡兒心物二元論研究，超越了一般心理學家的理解。她指出：

> 　　笛卡兒區隔了情動（passion）與理性（reason），又將情動與統一的心智相連，然後基於心智統領情動的能力，把主體性交給了心智。對笛卡兒而言，靈魂與身體唯一的區別，是思想的功能。思想分主動和被動兩種。被動的思想便是情動。雖然笛卡兒將情動歸為思想，情動也就因此屬於靈魂，但情動只

是位於思想和靈魂之間，而非思想和靈魂的組成部
分〔……〕情動是一種極其特殊的思想，以至於幾
乎無法被涵蓋在「思想」的範疇中〔……〕對他〔笛
卡兒〕而言，松果腺是情動在解剖學上的對等物。
松果腺位於「大腦最深處」，卻不僅僅是大腦的一部
分，而是象徵著大腦中可能存在的一個自治區，一
個大腦中的梵蒂岡城〔……〕靈魂從事思想，情動被
其束諸高閣（kicked upstairs within the thinking soul），
既是受限的也是危險的〔……〕晚近女性主義研究特
別強調這個觀點，顯示男權主義視角下的心智範型
既包含又放任情動，而驅動情動和情緒的，是非主
體性的動能。[54]

在此，特拉達把松果腺喻為大腦中的「一個自治區，
一個大腦中的梵蒂岡城」，意味著對笛卡兒而言，位於松
果腺中的情動，既是心智的一部分，受到心智的限制；但
卻又獨立于心智，不受心智掌控，所以是危險的。值得
玩味的是，笛卡兒把松果腺定義為身心之間的連接點，
沒有它，身心就是功能各異且彼此分離的實體。因此，
笛卡兒雖然主張心物二元論，但不得不承認，位於松果腺

54 Rei Terada, *Feeling in Theory: Emotion after the "Death of Subject"* (Cambridge, MA.: Harvard University Press, 2001), pp. 8-9.

的情動是連結身心的關鍵。《笛卡兒著作集》第十一卷的
後半卷，就是《靈魂的情動》（*Les passions de l'âme*, circa
1647）。整卷最後，附了十餘幅手繪大腦解剖圖的摺頁，
展示他想像中松果腺的位置，及其與大腦和外界刺激的交
互作用。[55]

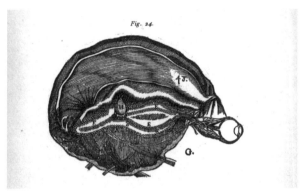

圖跋-1：笛卡兒著名的松果腺示意圖

---

55 *Oeuvres de Descartes*, 第 11 卷末，無頁碼。

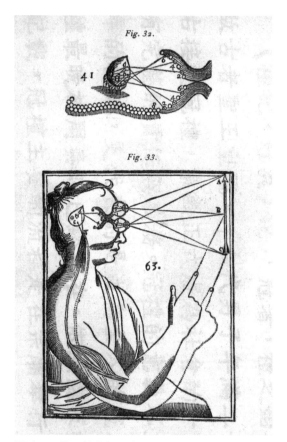

圖跋-2：外界刺激由眼睛進入大腦，折射傳輸到松果
腺，引起情緒反應

　　笛卡兒除了是哲學家、數學家，也是自然科學家。
從上列兩張解剖圖可知笛卡兒顯然受過完整的解剖學
訓練。上述特拉達書中的一段引文還透露一個重要概
念：驅動情動的，是「非主體性的動能」（nonsubjective

engines）。如前所述，對斯賓諾莎而言，欲力或生命力的動態特色與其機械特色相輔相成，但靜態的物質機械特色不足以說明個體的潛能。個體乃透過情動與其他個體產生動態的相互感應，這種情動的動能即為情動力。情動力是個體的物質潛能，與主體無關。

四、情動力與「內在超越」

德勒茲與瓜達里引用高羅佩（Robert Hans van Gulik, 1910-1967）及李歐塔（Jean-François Lyotard, 1924-1998）的道家房中術研究，[56]說明情動力與「內在超越」的關係。女人的「本能或內在情動力」（*force instinctive ou innée*; the innate or instinctive force）[57]就是「陰」，男人的內在情動力是「陽」；陰陽情動力的交換、調和，是生命的來源，能量的增長（*augmentation des puissances*; an augmentation of powers）。陰陽情動力的反覆流動及能量的持續增長，必須男人忍精。情動力交換是受欲望驅動的，這種欲望並非出自於「內在的匱乏」（manque

---

56 Robert Hans van Gulik, *Sexual Life in Ancient China* (Leiden: Brill, 1961); Jean François Lyotard, *Economie libidinale* (Paris: Édition Minuit, 1974), pp. 241-251.

57 Deleuze and Guatarri, *A Thousand Plateaus*, p. 194; *Mille plateaux*, p. 157.

intérieur〔指拉岡的理論〕），也不是出自於延遲愉悅可生產的外在附加價值（*produire une sorte de plus-value extériorisable*〔李歐塔的附加價值理論：能量累積到最後才洩精，可生下健康美麗聰明的的後代，尤其是兒子〕）。反之，這種欲望是為了建構一個無器官的、充滿能量的物體（*un corps sans organs intensif*），也就是建構「道」，一個內在超越的場域（*Tao, un champ d'immanence*）。[58]這個內在超越場域既非匱乏，也不靠外在規範，更與外在超越無關。[59]當然，可以像儒家一樣，將之解釋為是為了繁殖後代，但這只是從社會階層、生物、國家、家庭的外在角度來看。而從「道」的內在角度來看，這是打破任何階層的，完全是欲望本身的「共涵平面」（*un plan de consistance propre au désir*）。[60]德勒茲透過道家房中術，將「道」解釋成內在超越的場域，相當有趣。由此可知，書中不斷出現的「共涵平面」，就是指內在超越的場域或共涵平面（*Le champ d'immanence ou plan*

---

58 Deleuze and Guatarri, *Mille plateaux*, p. 195.

59 Ibid.: "Il ne s'agit pas d'éprover le désir comme manque intérieur, ni de retarder le plaisir pour produire une sorte de plus-value, mais au contraire de constiituer un corps sans organs intensif, Tao, un champ d'immanence oú le désir ne manque de rien, et dès lors ne se rapporte plus à aucun critère extérieur ou transcendant."

60 Ibid.

de consistence）。[61]以下一段有助於我們的理解：

> 　　共涵平面，就是全部無器官個體的組合，此即內
> 在超越的純粹多重性。這多重性的一部分可以是中
> 國的，另一部分是美國的、或中世紀的、或小變態
> 的，都處於一個普遍去疆域化的運動中，每一部分
> 都從心所欲，無論是出自任何自我的品味、出自任
> 何政治或策略形構、或出自任何出身來源。[62]

　　內在超越的場域，就是情動力組配的平臺，這個平
臺只有個體情動力的互動，是去疆域化的場域，一切自
我、政治、出身都化解、不重要了，這就是「內在超越的
純粹多重性」（*pure multiplicité d'immance*）。

---

61 Ibid.

62 Ibid.: "Le plan de consistance, ce serait l'ensemble de tous les CsO, *pure multiplicité d'immance*, don't un morceau peut être chinois, un autre américain, un autre médiéval, un autre petit-pervers, mais dans un movement de déterritorialisation généralisée où chacun prend et fait ce qu'il peut, d'après ses goûts qu'il aurait réussi à abstraire d'un Moi, d'après une politique ou une stratégie qu'on aurait réussi à abstraire de telle ou telle formation, d'après tel procédé qui serait abstrait de son origine."

五、結語

內在超越的場域不僅是個體去疆域化的場域,更是宇宙間各種物體相互流變的平臺。德勒茲與瓜達里回到斯賓諾莎的「體現方式」(mode)概念,指出:在內在超越的場域中,只有「個體化的體現方式」(*un mode d'individuation*),而所謂的體現方式絕非個人、主體、物品或實質(*très different de celui d'une personne, d'un sujet, d'une chose ou d'une substance*)。[63]此體現方式,又可稱為「個異性」(*heccéité*),也就是決定每個個體獨特性的特質(*essence*)。春夏秋冬等季節、時時刻刻、每個特定的日子,都是體現上帝實質的方式,都有一種完美的獨特性,不假外求;它們也都不是主體或物品。它們是具有個異性的個體,因為它們都取決於分子、粒子的運動或休止,都具有情動力的感應能量(*pouvoir d'affecter et d'être affecté*)。[64]德勒茲以宗教想像與東西文明來說明:例如魔鬼學主導的故事中,魔鬼的藝術在控制情動力流動之時、在空間中自由移動之時,風、雨、冰雹、大氣的烏煙瘴氣都扮演了重要角色。此外,東方文明不重視主體觀與超越現世的實質論,更關注宇宙萬物的內在獨特

---

63 Ibid., p. 318.
64 Ibid.

性，因此日本的俳句以素描的方式來點出自然所指示的符號。[65]他又用文學作品來闡釋這個概念，例如夏綠蒂・布朗特（Charlotte Brontë, 1816-1855）的小說中暴風雨場景的重要性，勞倫斯（D. H. Lawrence, 1885-1930）與福克納（William Faulkner, 1897-1962）小說中描寫的時時刻刻。人和動物可以流變為氣候、季節、時刻，例如薇吉妮亞・吳爾芙（Virginia Woolf, 1882-1941）的名句："The thin dog is running in the road, this dog is the road"，[66]就是瘦狗流變為道路了。這不就是中國傳統哲學中所說，天地萬物的相互感應？

根據以上的討論，本文綜合情動力的特性如下：

（一）所謂情動力是宇宙萬物連動感應的動能，意味從超越本體到內在本體的過渡，也是從理性主義到身體論的過渡；

（二）情動力是一種動能，其感受或行動的能量取決於持續醞釀中的個體能量的連動關係，而能量的連動關係永遠變化、永不休止；

（三）情動力生於已發未發之際，是具有無限可能的個體潛能，亦即自然（物質）的潛能；

---

65 Ibid., p. 319.

66 Deleuze and Guattari, *Mille plateaux*, p. 321: "Le chien maigre court dans la rue, ce chien maigre est la rue."

（四）情動力是隸屬於自然的，自然的法則就是能量的連動關係，因此情動力是非主體性的動能。

斯賓諾莎的情動力理論強調個體及身體的動能，《倫理學》論證的是人類尋找幸福的主動能力。菲爾德曼指出，對斯賓諾莎而言，所謂幸福就是這個直覺認知（intuitive cognition）：宇宙萬物的永恆存在就是上帝真實的體現。[67]檢驗《簡論上帝、人及人的幸福》（*Short Treatise on God, Man, and His Well-Being*, circa 1662），可知他認為理性思考（reasoning）無法帶給我們幸福，唯有透過直接認知，體會到自然所體現的上帝的美好，才能與上帝結合；人和上帝的結合就是愛。[68]中世紀的教條主張，人要與上帝結合必須透過知識（knowledge），而知識是透過中介才能得到的。當時的二元玄學（the dualistic metaphysics）認為人與上帝是截然兩端，因此必須透過先知的預言（prophesy）、或道成肉身（incarnation），凡人才能與上帝結合。斯賓諾莎的一元玄學（monistic

---

67 Seymour Feldman, "Introduction," p. 19: "The perception of the universe 'under a form of eternity' is the true and most precise insight about God."

68 Spinoza, *Ethics*, 1: 139: "And yet, what a union! what a love!... [W]e can only understand him [God] immediately... since the whole of Nature is one unique substance, whose essence is infinite, all things are united through Nature, and united into one [being], vz. God." 此處 "immediately" 指未經中介的直接認知，這種認知，斯賓諾莎稱為 "the fourth kind of knowledge"。

metaphysics）則認為，先知的預言或道成肉身非但不必要，而且條理不清。的確，透過直覺的認知與上帝合一，這種幸福追求雖然困難重重，卻是人的能力可以達到的。對斯賓諾莎而言，人無法達到這個目標不是因為來自亞當的原罪，而是因為無知及迷信；他的《倫理學》即致力於掃除無知與迷信（Feldman 20）。德勒茲則認為斯賓諾莎的情動力理論強調個體與個體、個體與環境的相互關係（*rapports*）及人的社群意識（*sociabilité et communautés*）：個人一方面致力於超越個體、追求無限（*l'infini*），一方面如何在人世既特立獨行又尊重彼此的相互關係？所謂社會化（*sociabilité*）有哪些不同的類型？人性的社會與理性的社群有何不同？重點應是組成一個大自然交響樂（*une symphonie de la Nature*），一個包容性越來越大、衝擊力越來越強的人世；既是極其激情雄渾的整體，又容納了無限微妙的變奏。[69]德勒茲如同斯賓諾莎，是徹頭徹尾的理想主義者。

在生物學界，近年有許多研究探討人類追求理想社會的天性，例如《藍圖：美好社會的演化論來源》（*Blueprint: The Evolutionary Origins of a Good Society*, 2019），書中指出：「社會生活的藍圖是演化的結果，銘

---

69 Gilles Deleuze, "Spinoza et nous," pp. 169-170.

刻在我們的 DNA 之中」。[70]根據Eugene W. Holland，德勒茲與瓜達里的思想具有烏托邦的層面；雖然在《反伊底帕斯：資本主義與精神分裂》（1972）中，他們拒絕提出任何烏托邦藍圖，到了《何謂哲學》（*Qu'est-ce que la philosophy*, 1991），則可見對兩位作者而言，「烏托邦是一個過程」（utopianism as a process），生生不息，而非一個「固定的成品」（a fixed "product"）。[71]這正是「流變」（becoming）概念的真髓。

---

70 Nicholas A. Christakis, *Blueprint: The Evolutionary Origins of a Good Society* (New York: Little, Brown Spark, 2019), p. 16: "A blueprint for social life is the product of our evolution, written in the ink of our DNA."

71 Eugene W. Holland, "The Utopian Dimension of Thought in Deleuze and Guattari," *Arena Journal* no. 25/26 (2006): pp. 217-242. 引文見 p. 217.

索引

情動力政治

2024年7月初版　　　　　　　　　　　　　　定價：新臺幣480元
有著作權‧翻印必究.
Printed in Taiwan

著　　者	Brian Massumi	
	布萊恩‧馬蘇米	
譯　　者	彭　小　妍	
叢書主編	沙　淑　芬	
內文排版	菩　薩　蠻	
校　　對	李　國　維	
封面設計	沈　佳　德	

出　版　者　聯經出版事業股份有限公司　　副總編輯　陳　逸　華
地　　　址　新北市汐止區大同路一段369號1樓　總　編　輯　涂　豐　恩
叢書主編電話　(02)86925588轉5310　　總　經　理　陳　芝　宇
台北聯經書房　台北市新生南路三段94號　　社　　長　羅　國　俊
電　　　話　(02)23620308　　　　　發　行　人　林　載　爵
郵政劃撥帳戶第0100559-3號
郵　撥　電　話　(02)23620308
印　刷　者　世和印製企業有限公司
總　經　銷　聯合發行股份有限公司
發　行　所　新北市新店區寶橋路235巷6弄6號2樓
電　　　話　(02)29178022

行政院新聞局出版事業登記證局版臺業字第0130號

Translated from *Politics of Affect* by Brian Massumi
Copyright © Brian Massumi 2015
This edition is published by arrangement with Polity Press Ltd., Cambridge

國家圖書館出版品預行編目資料

情動力政治/ Brian Massumi（布萊恩‧馬蘇米）著. 彭小妍譯.
初版. 新北市. 聯經. 2024年7月. 312面. 14.8×21公分
ISBN　978-957-08-7373-3（平裝）

1.CST：政治思想　2.CST：動力心理學　3.CST：訪談

570.14　　　　　　　　　　　　　　　　113005741